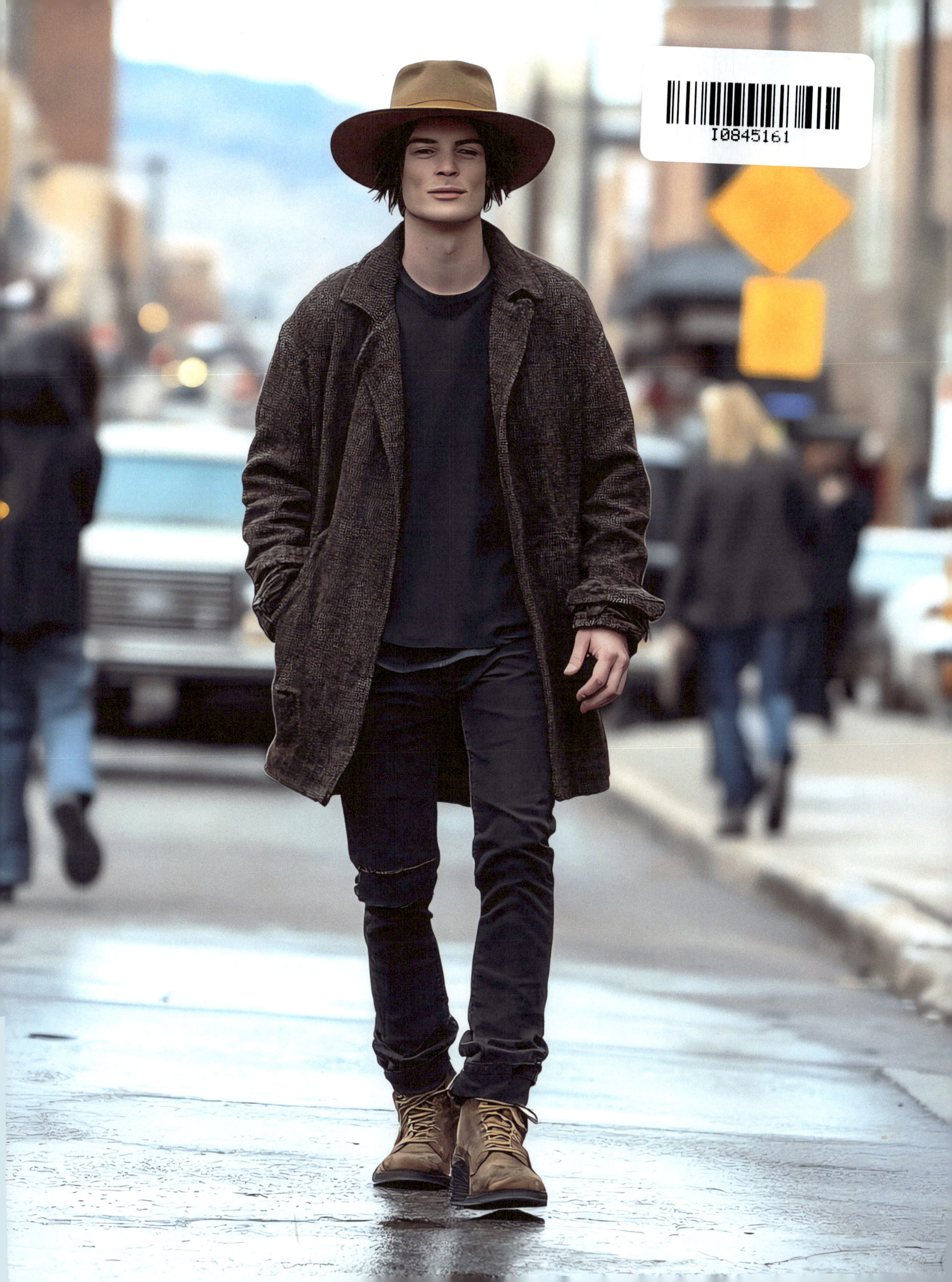
I0845161

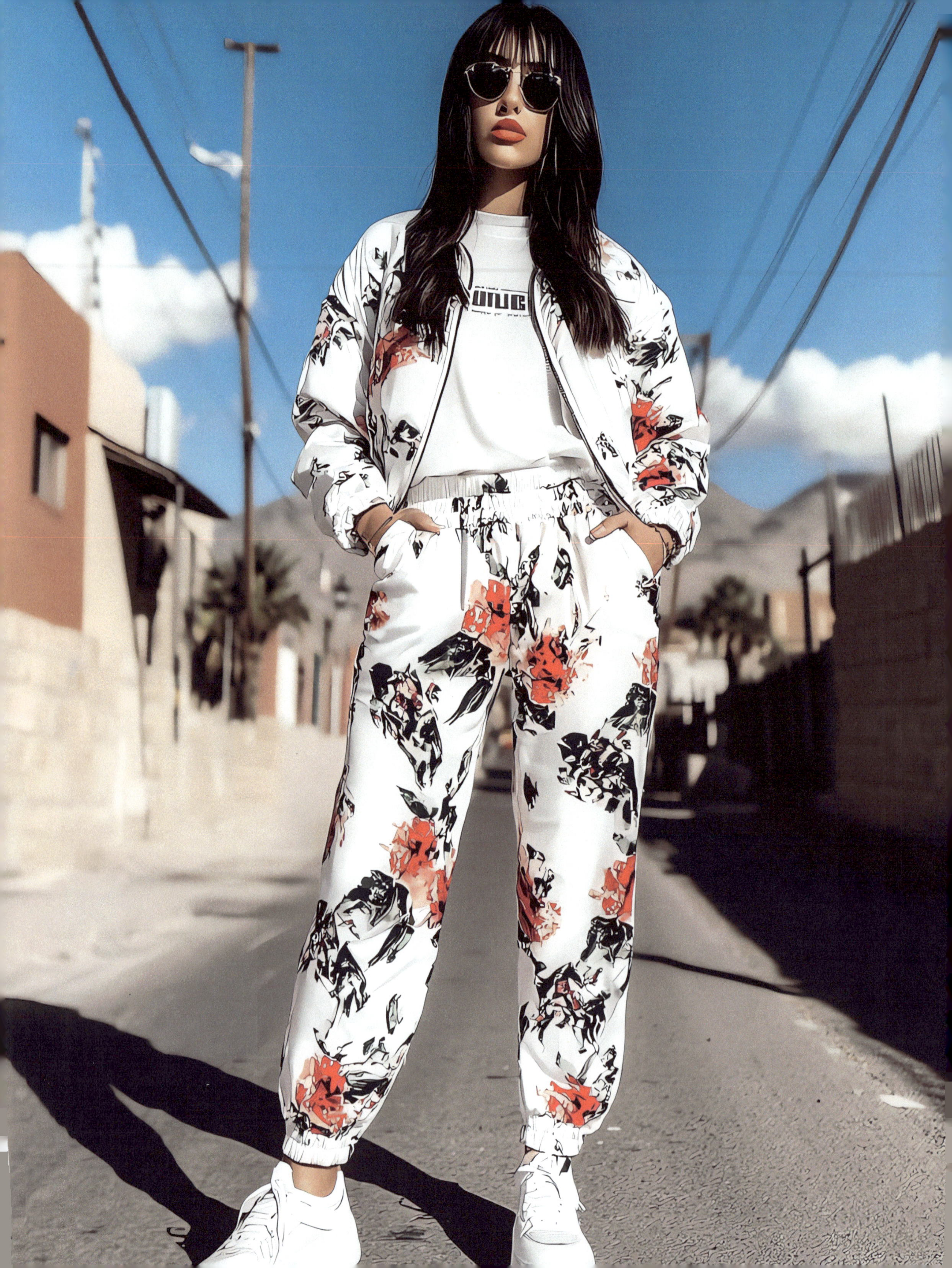

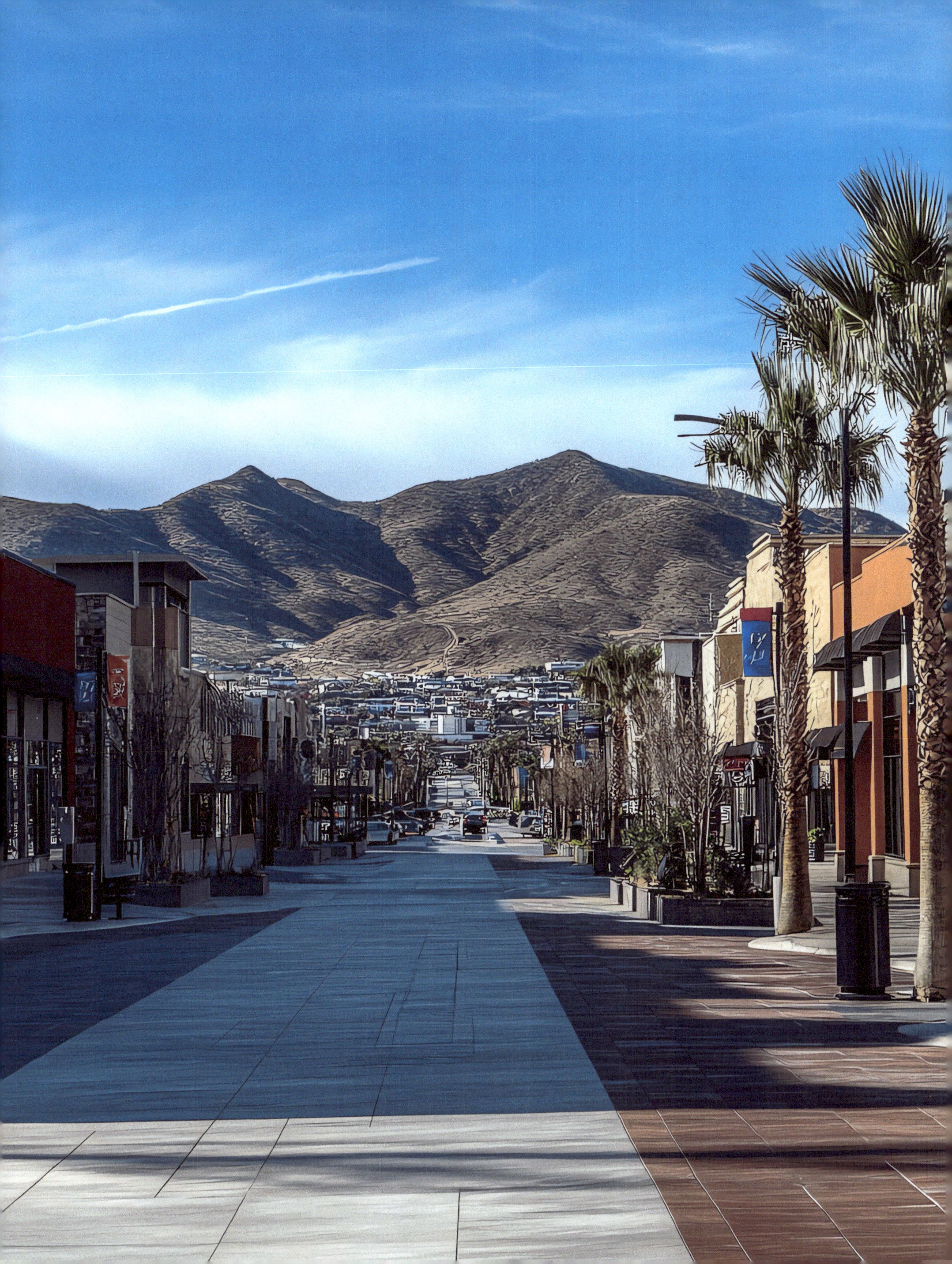

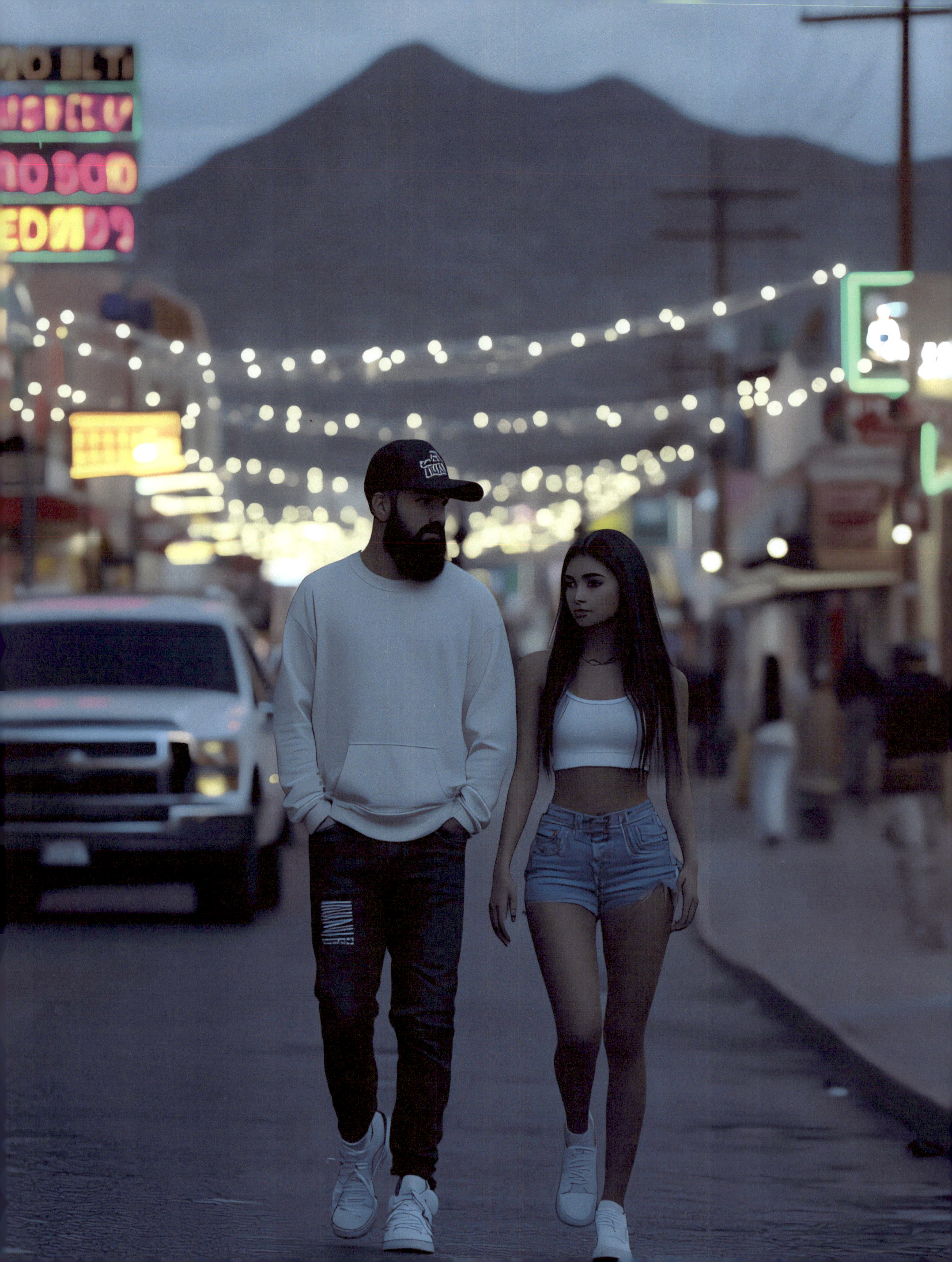

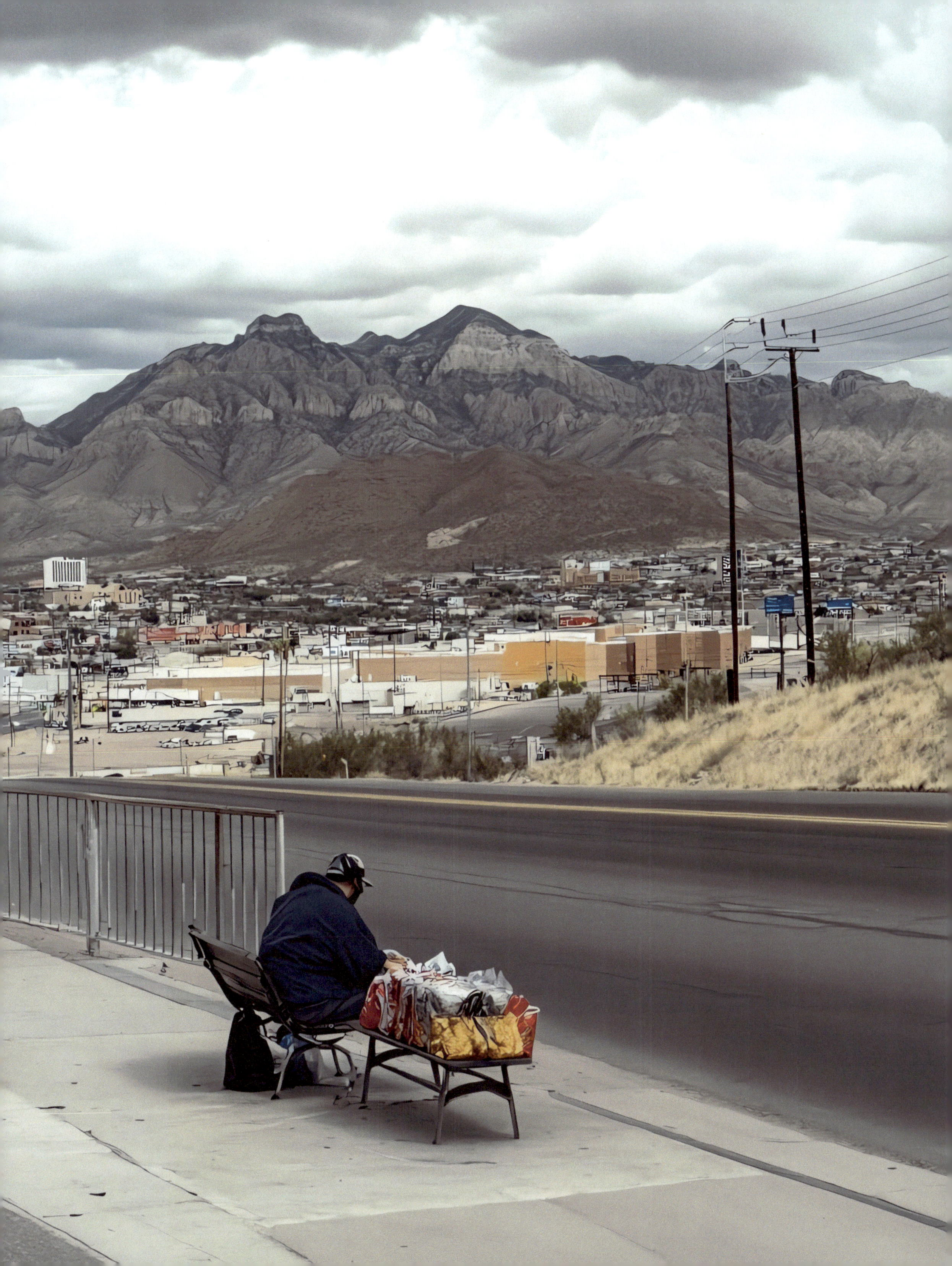

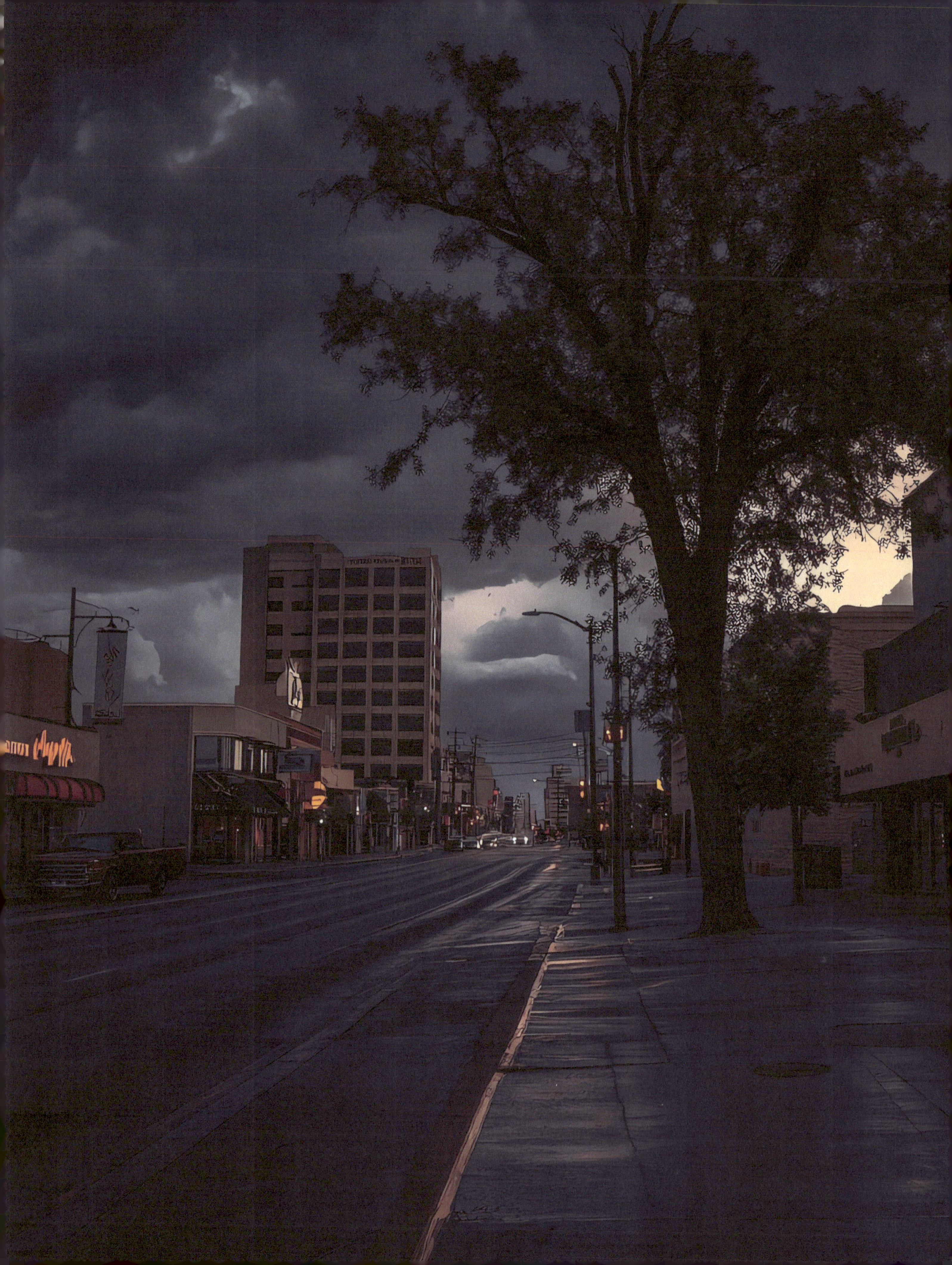

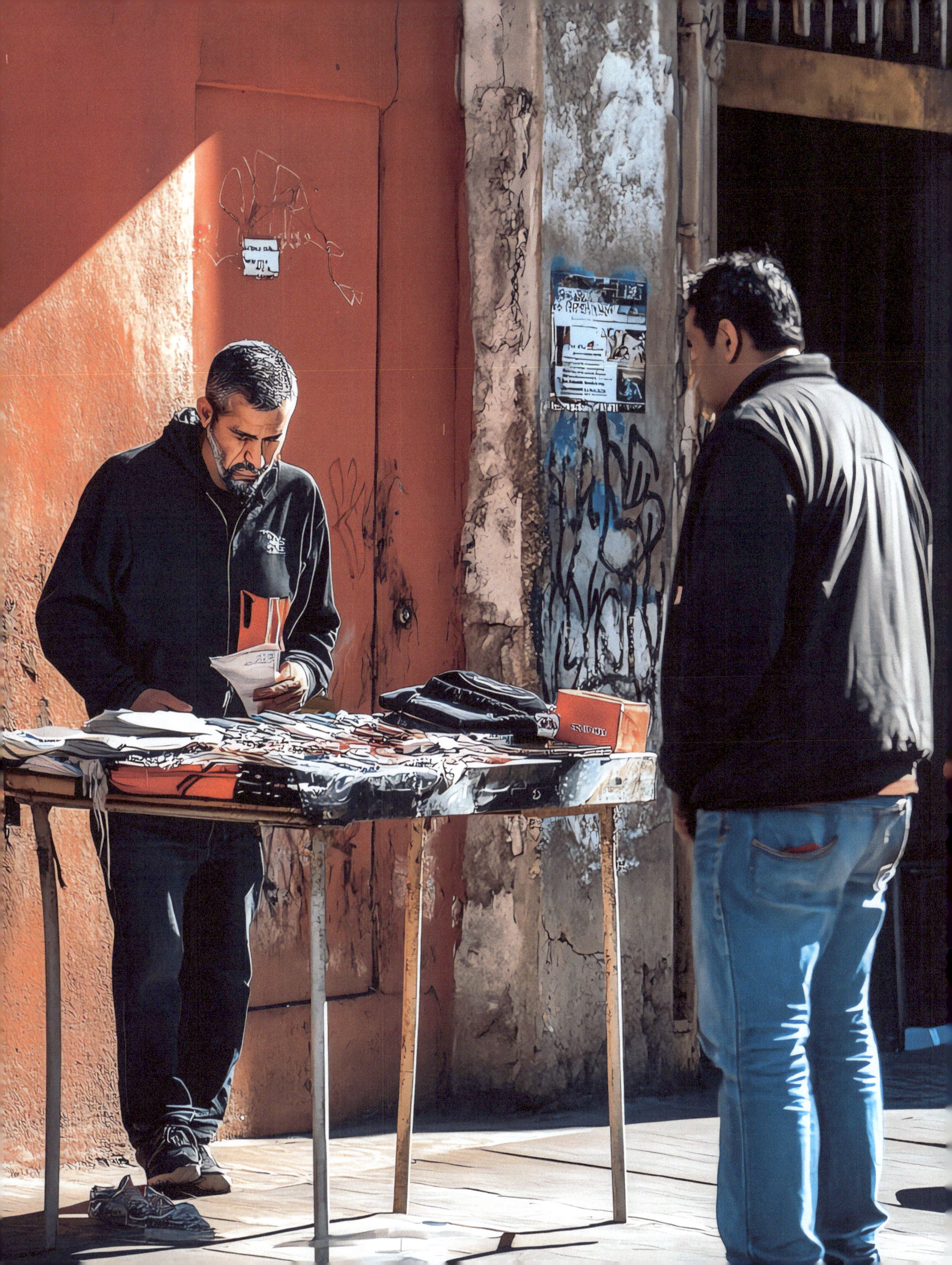

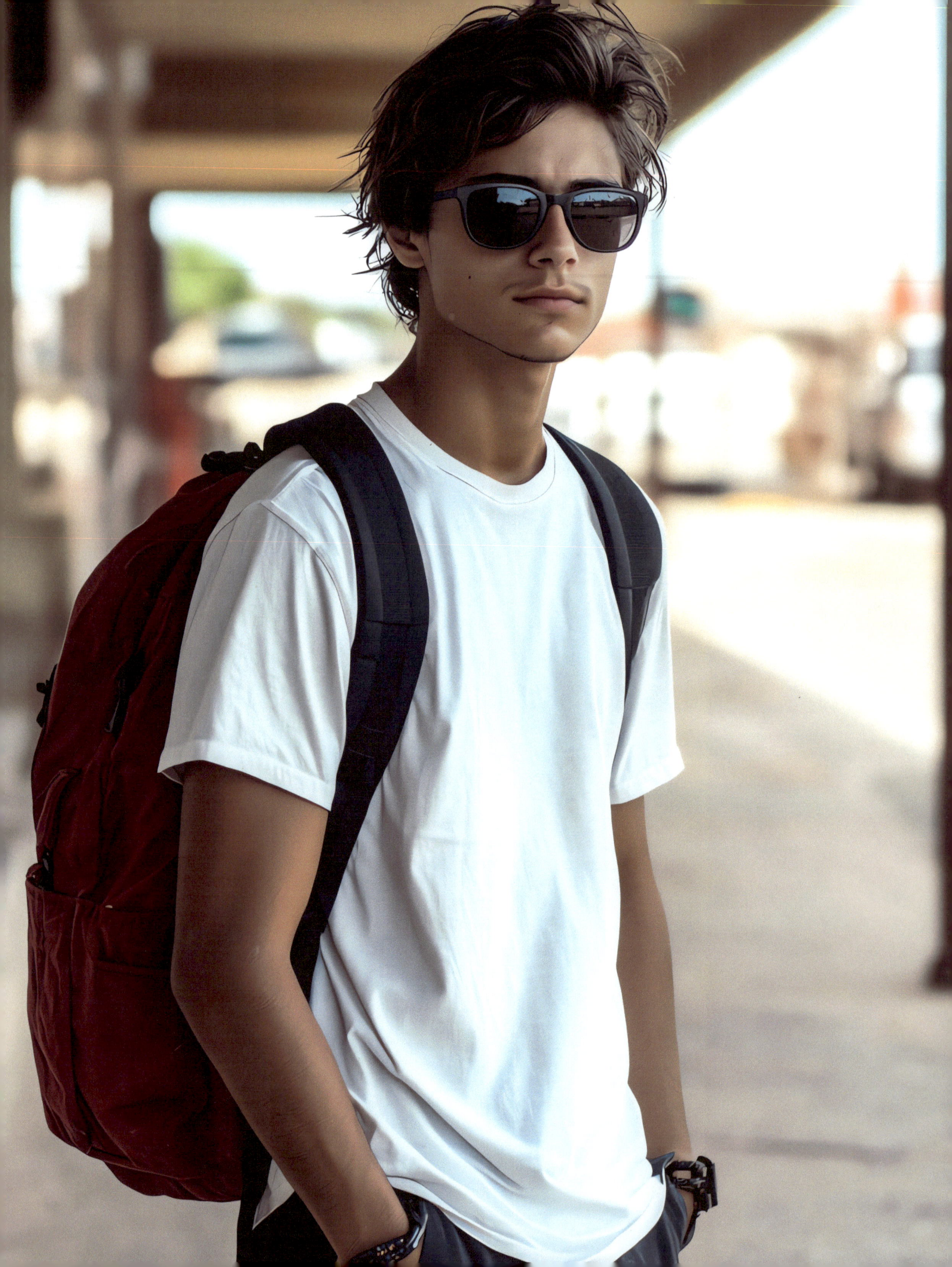

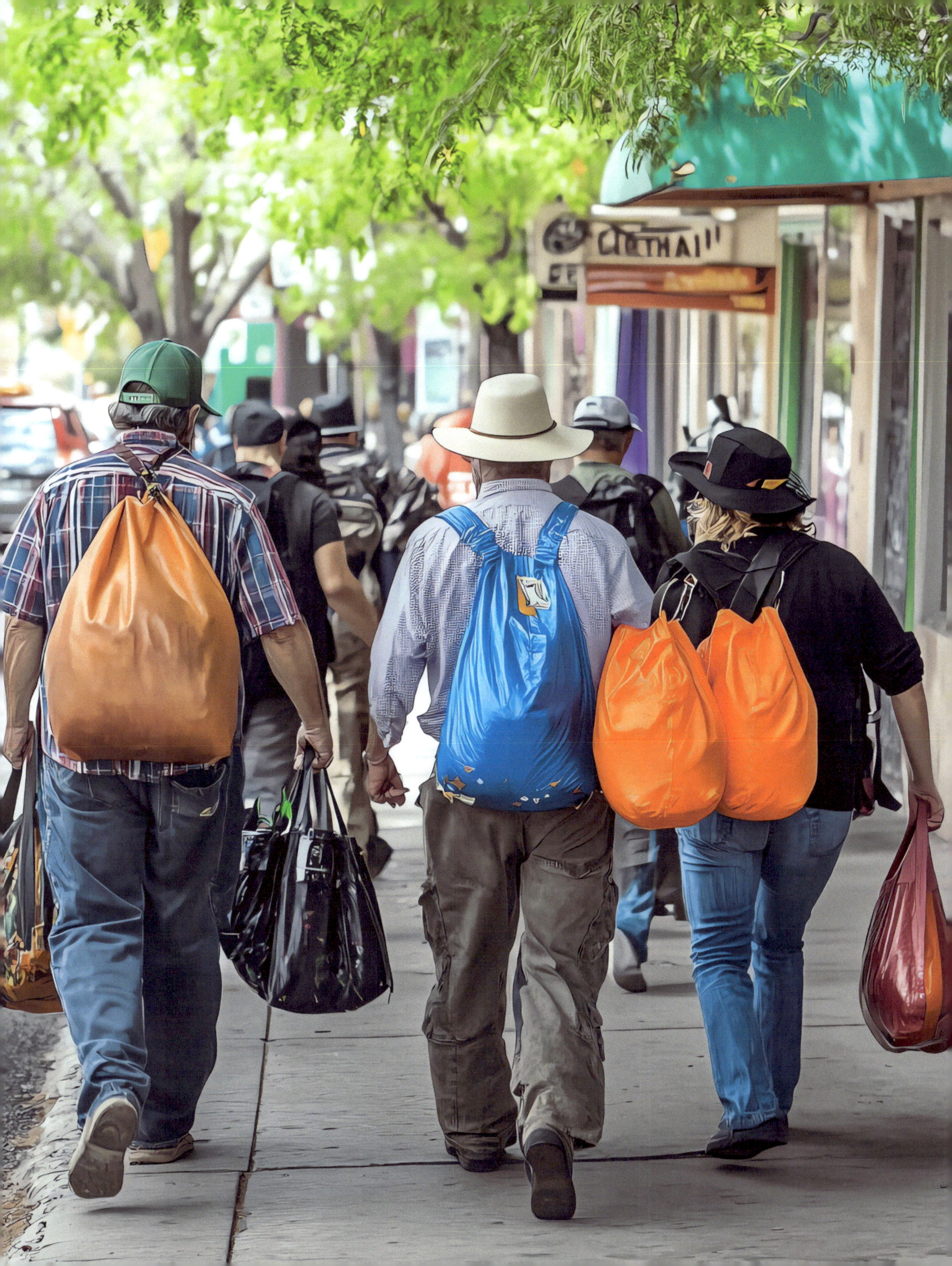

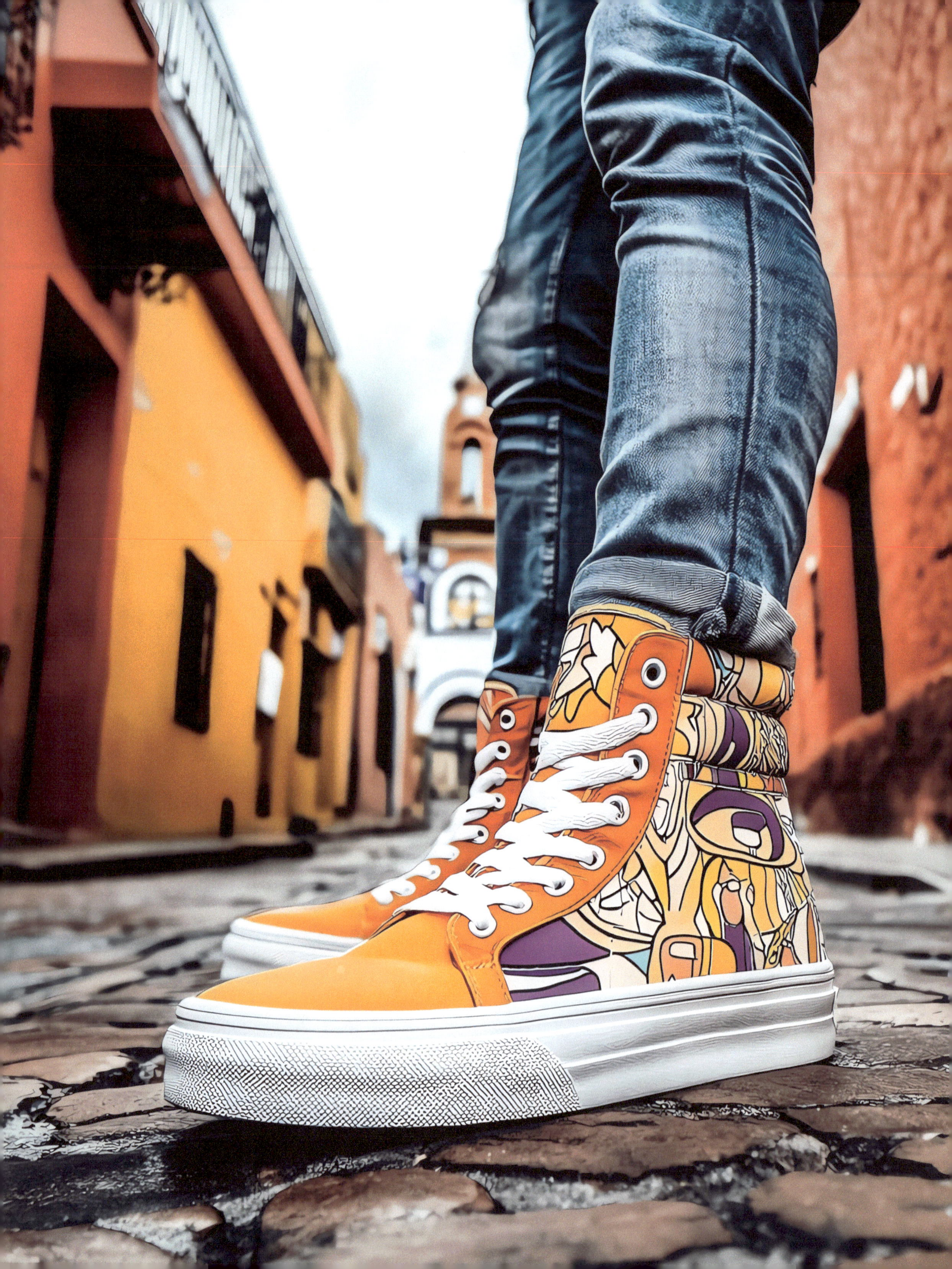

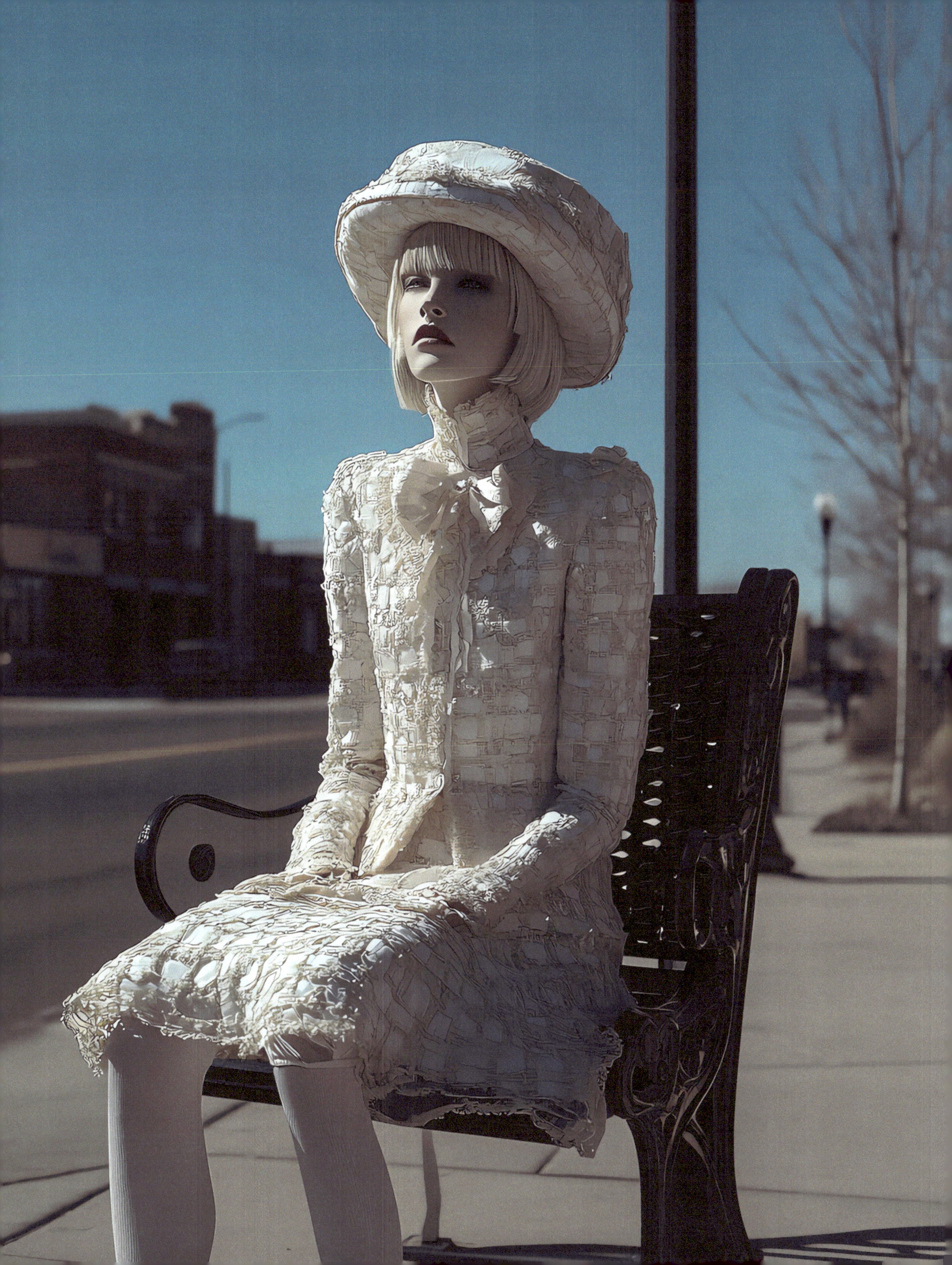

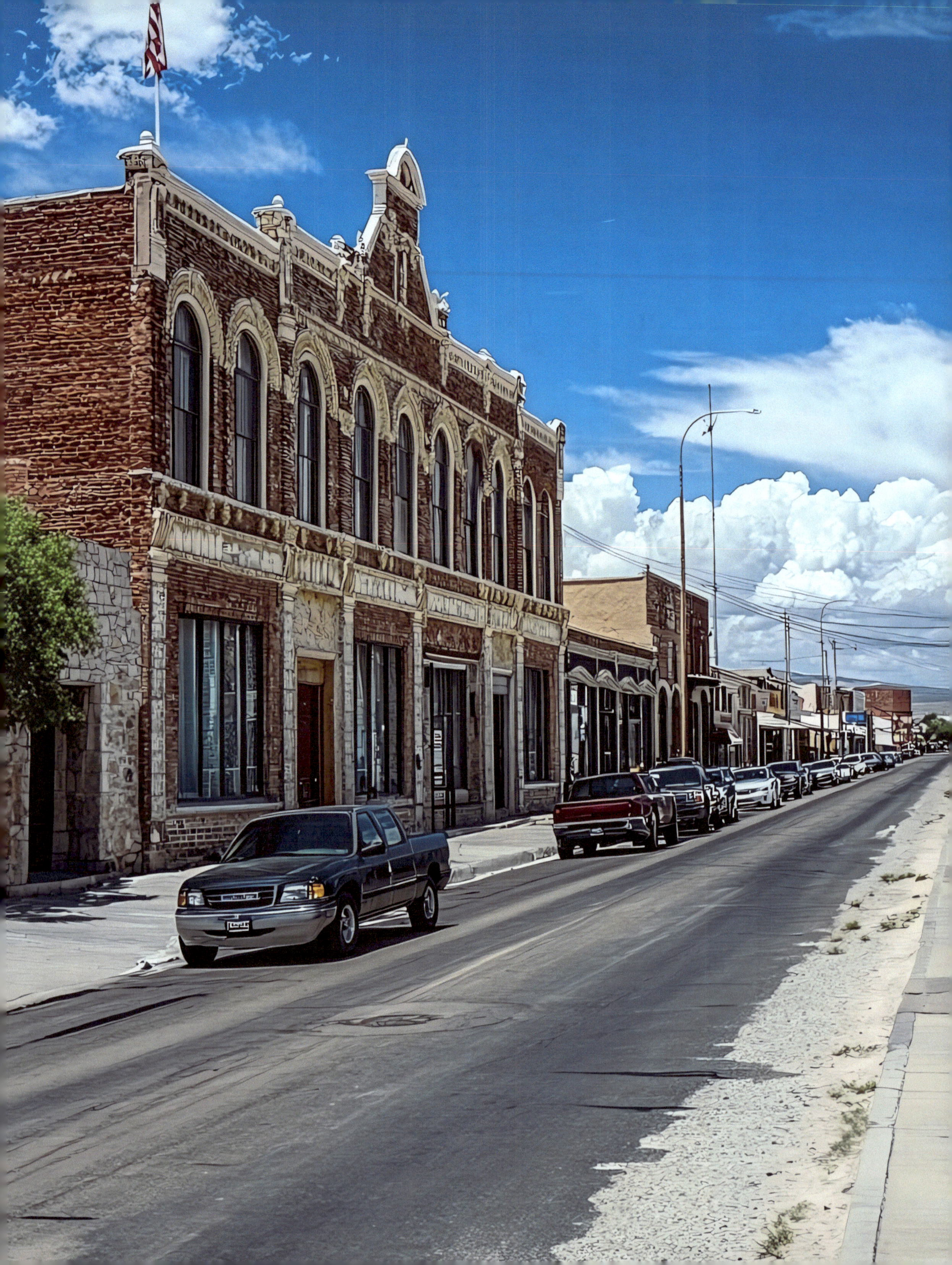

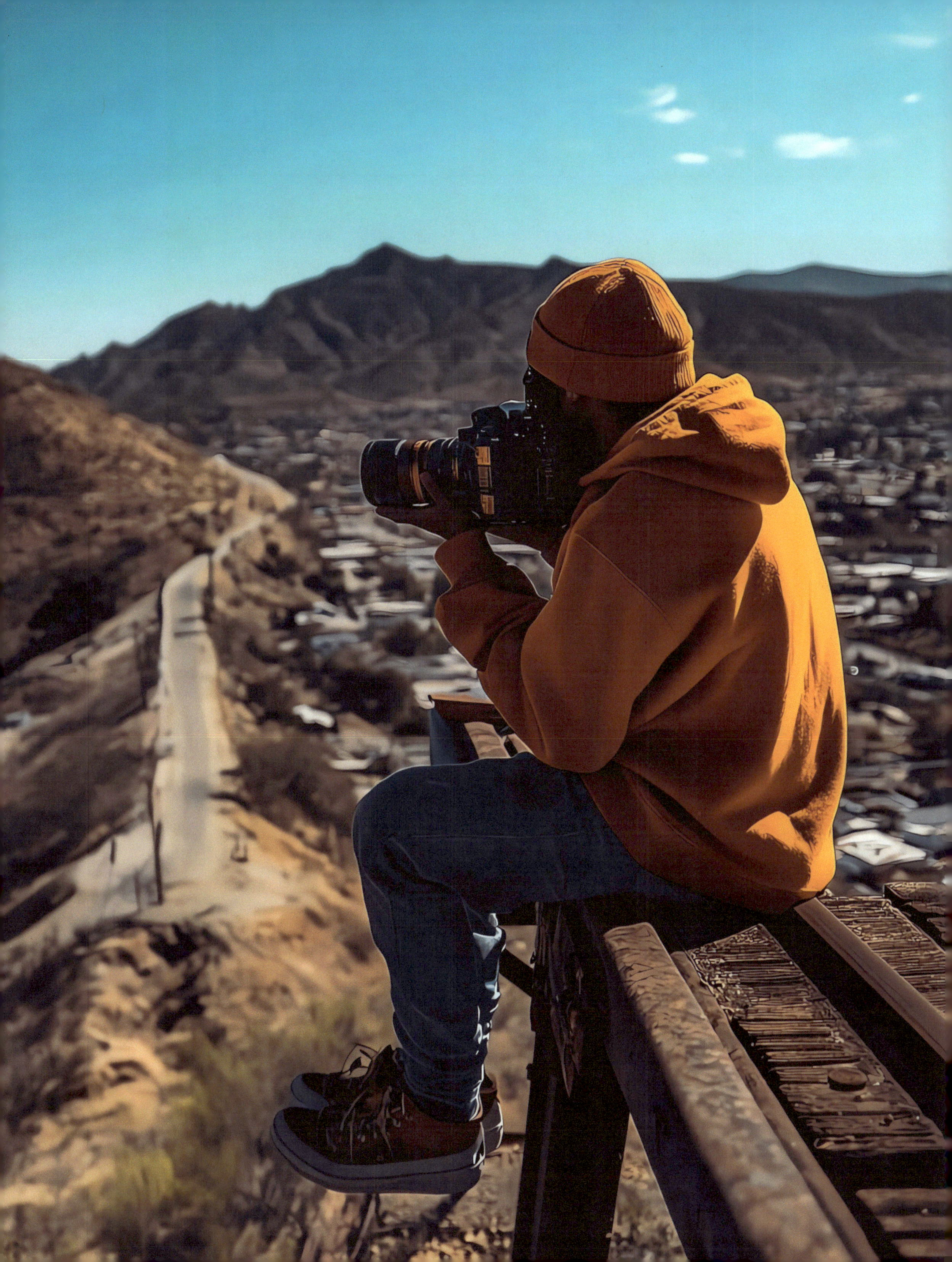

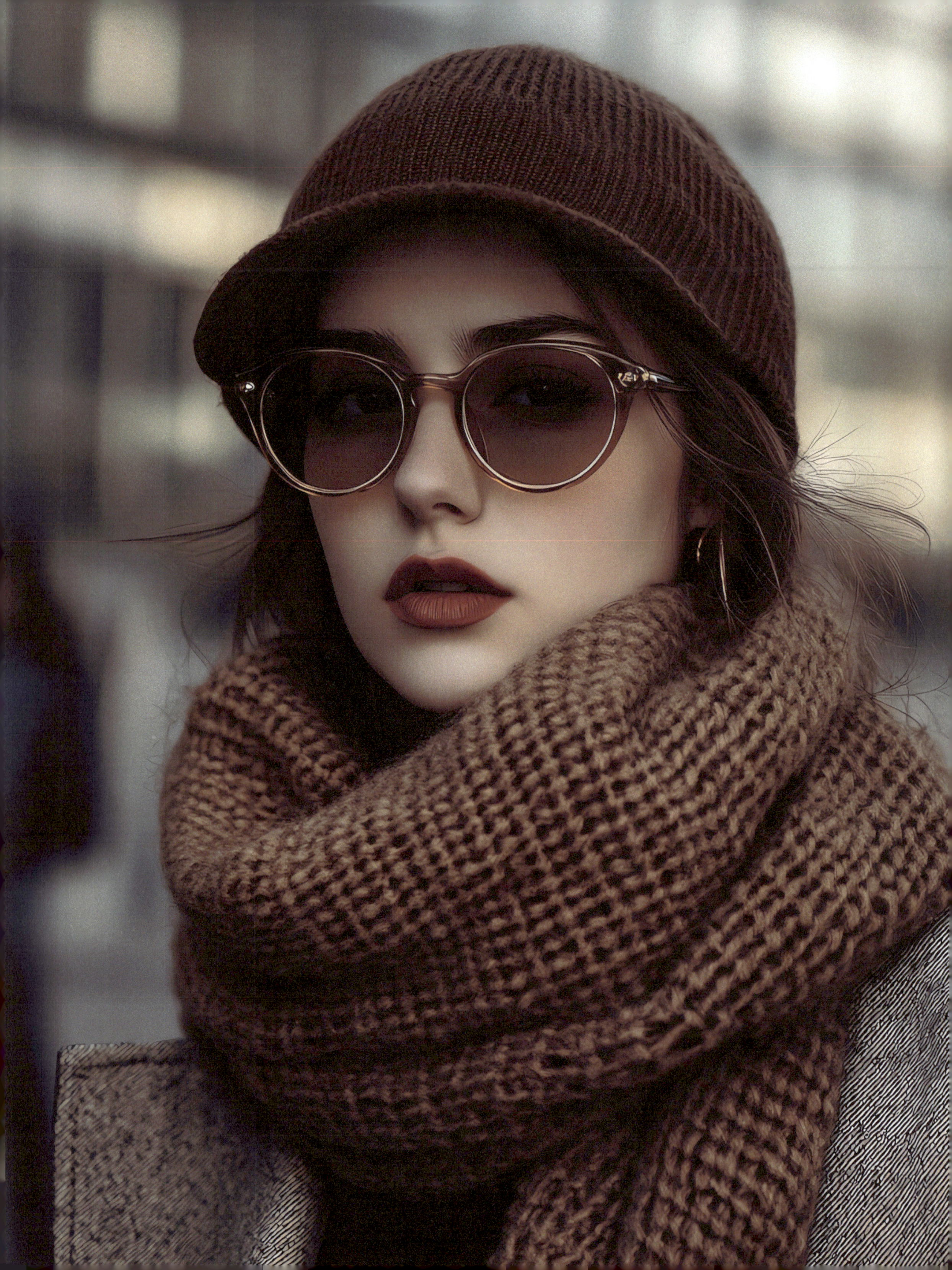

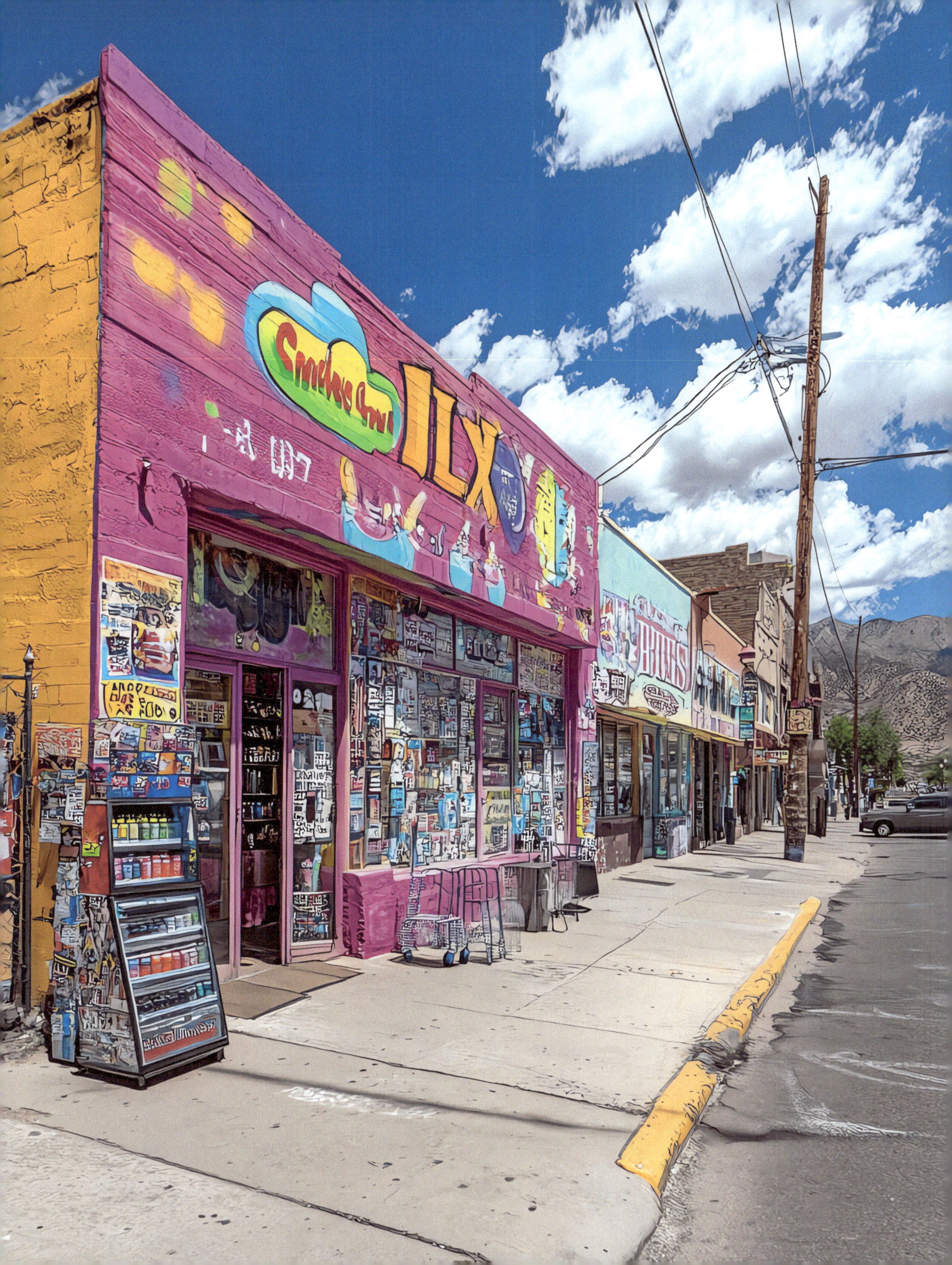

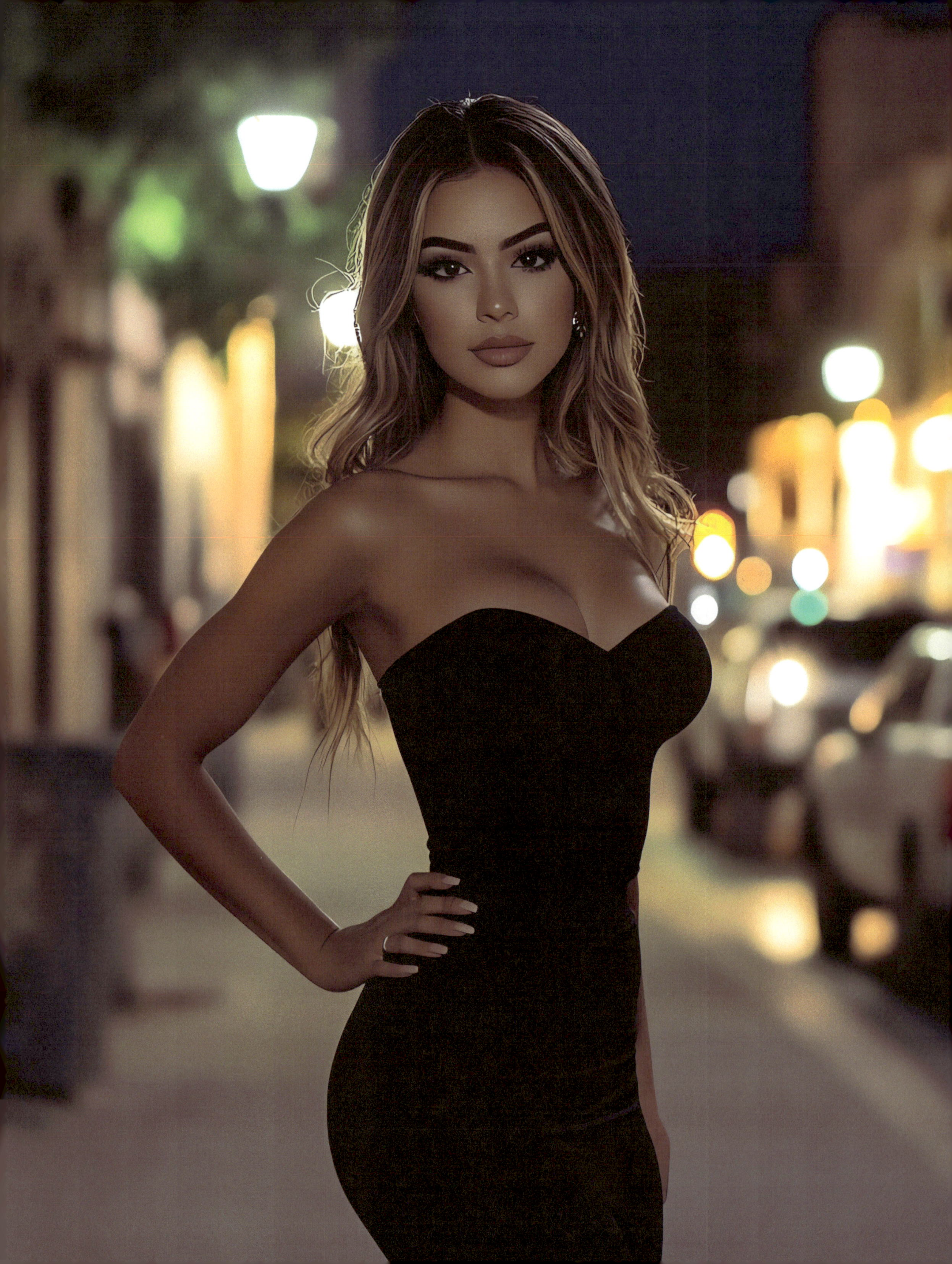

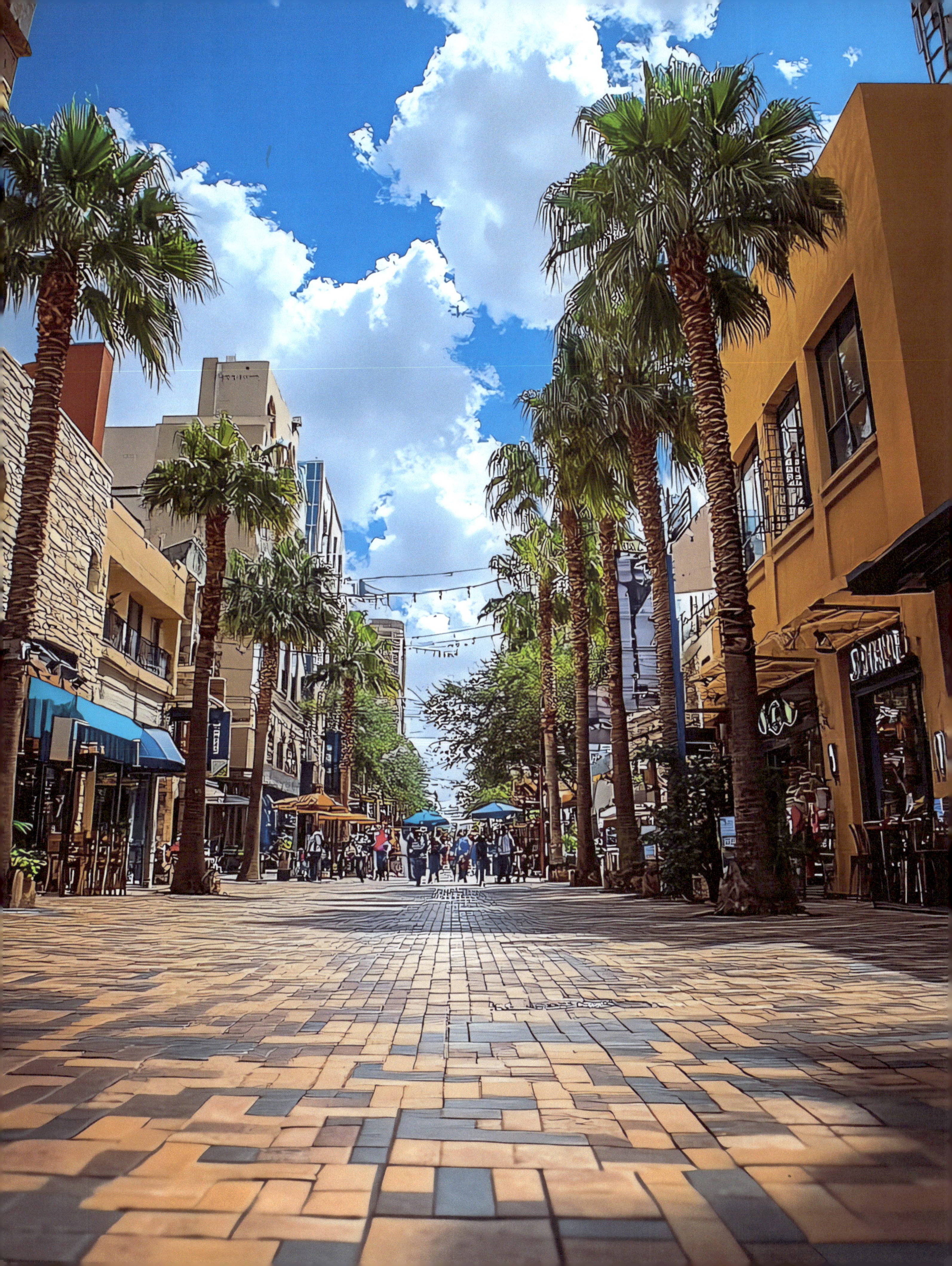

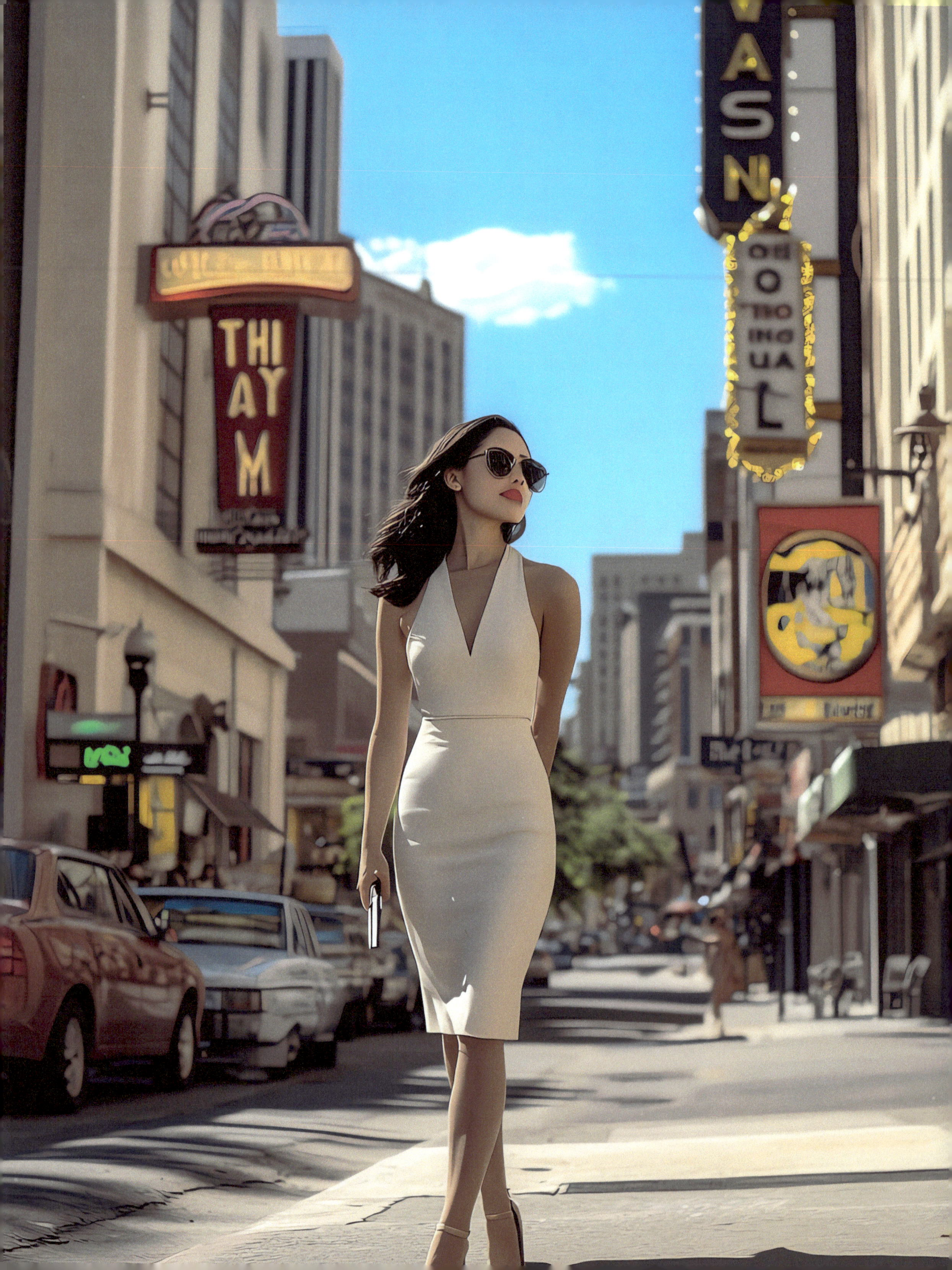

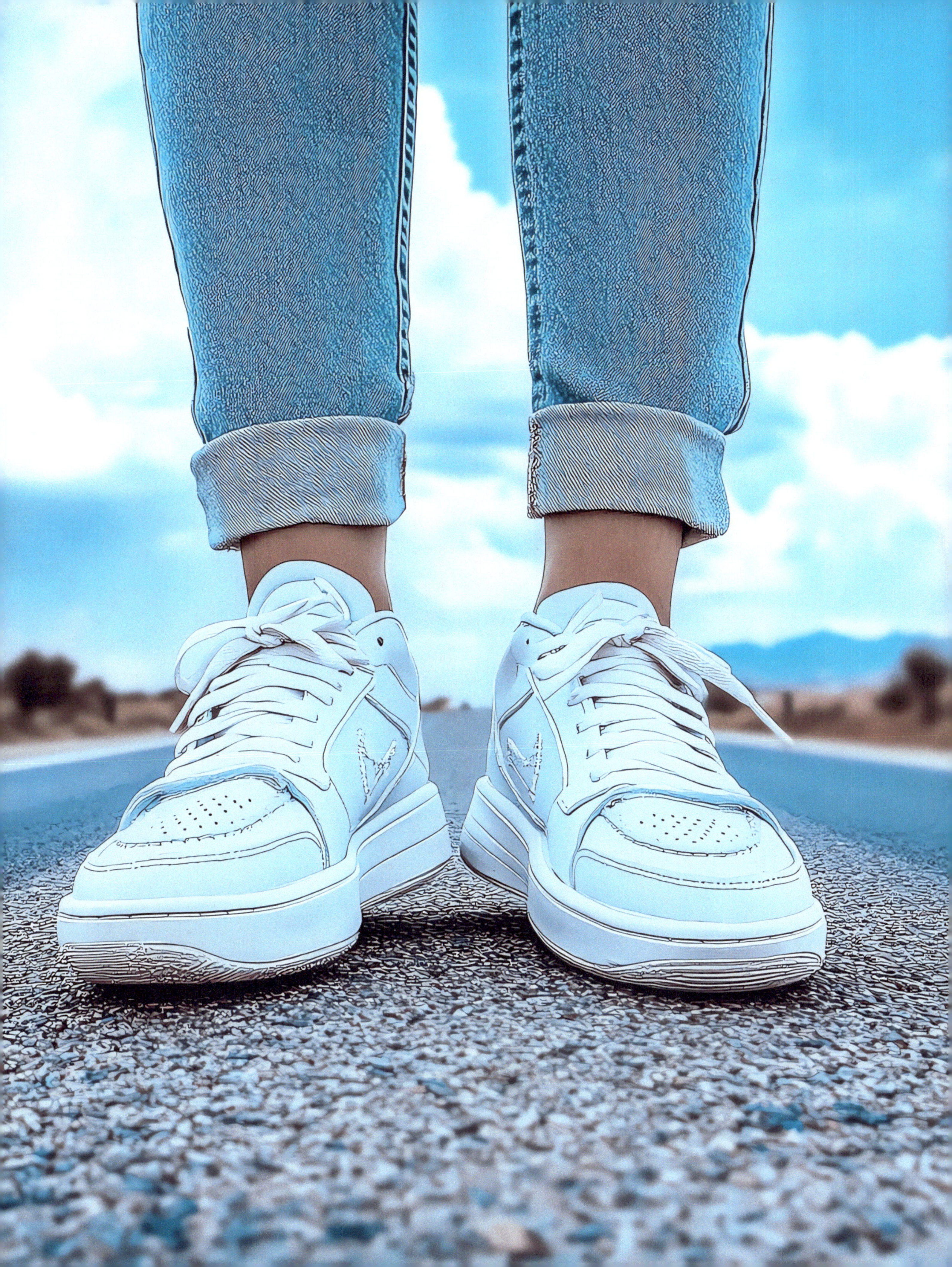

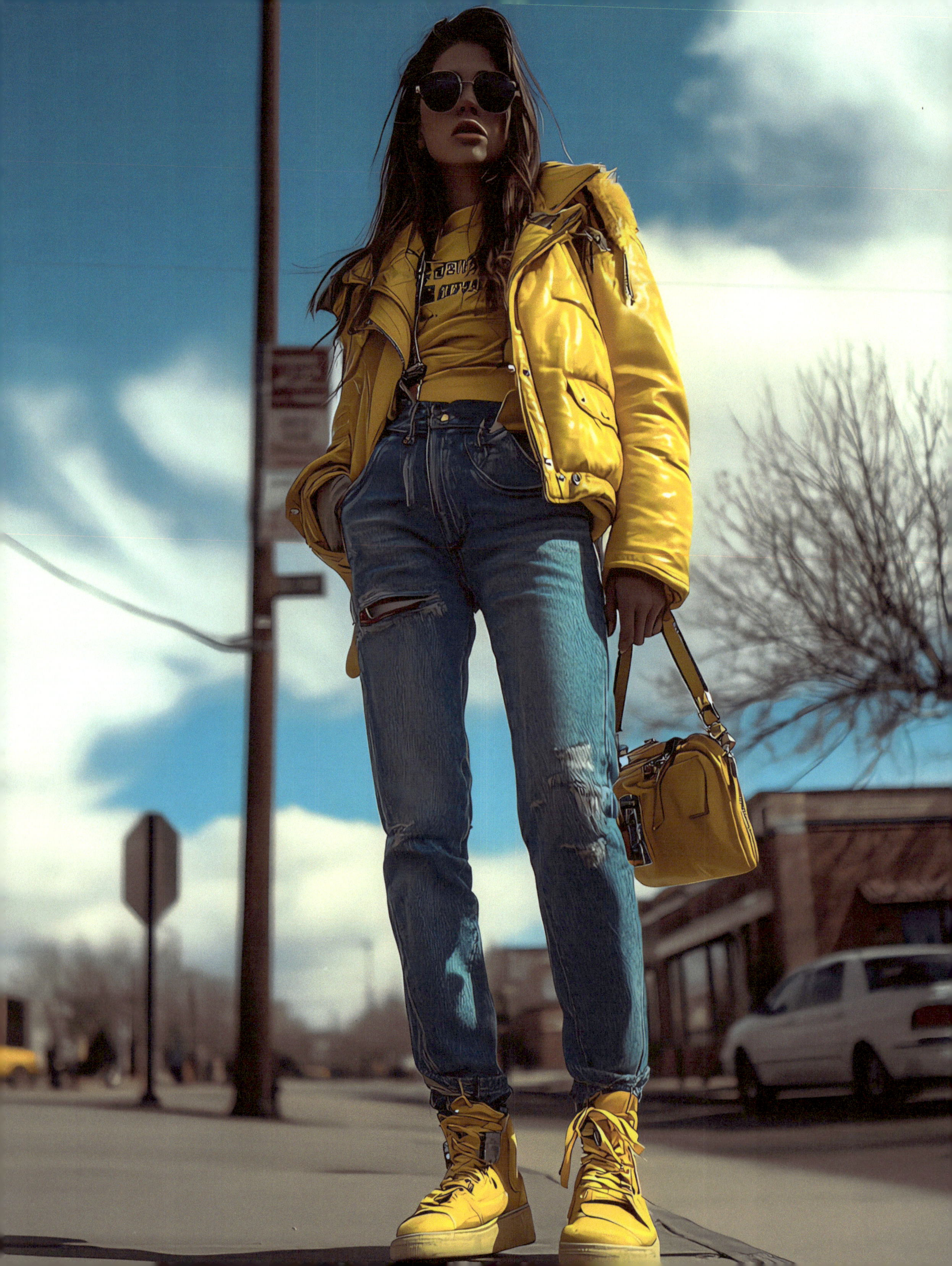

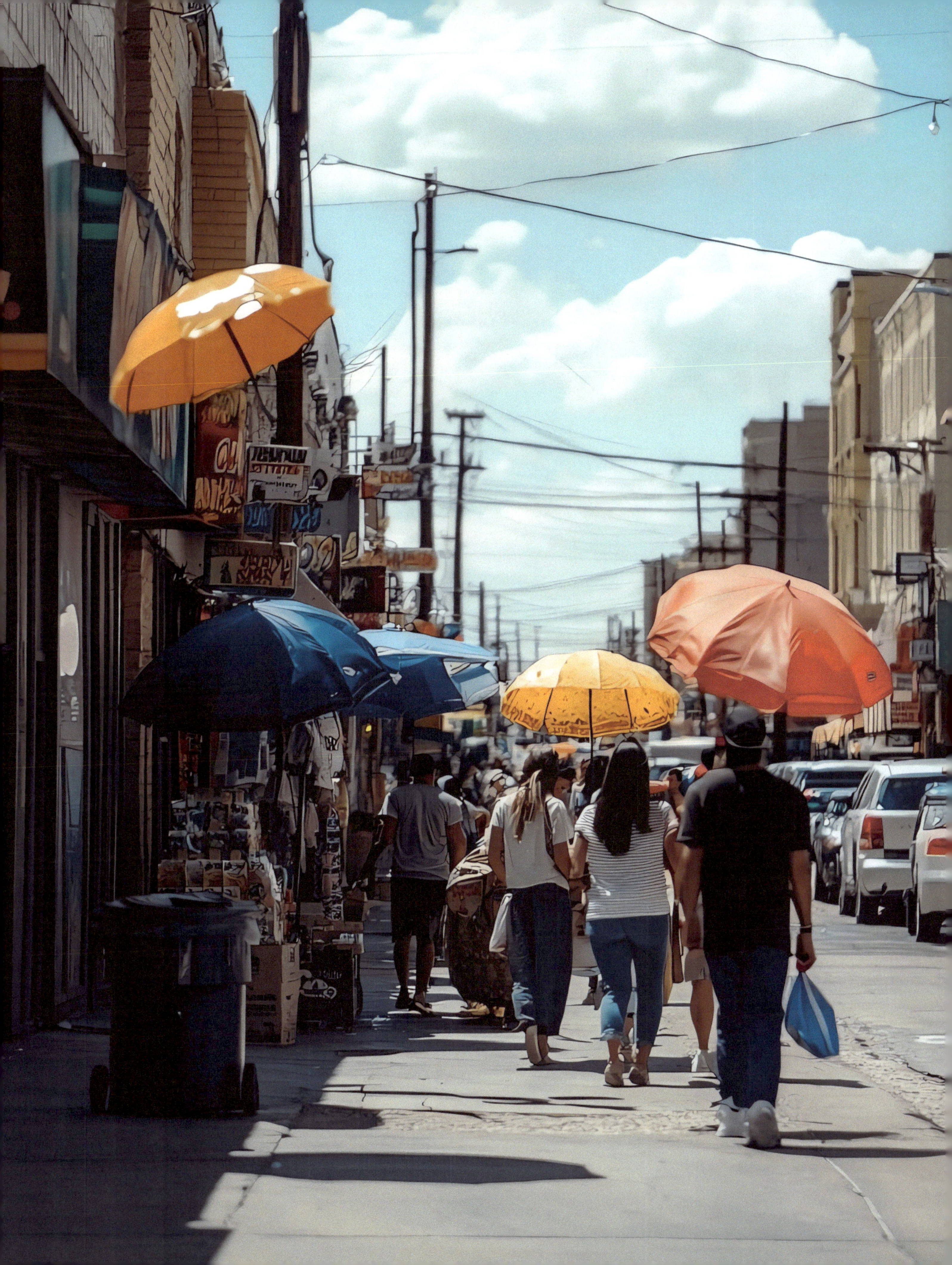

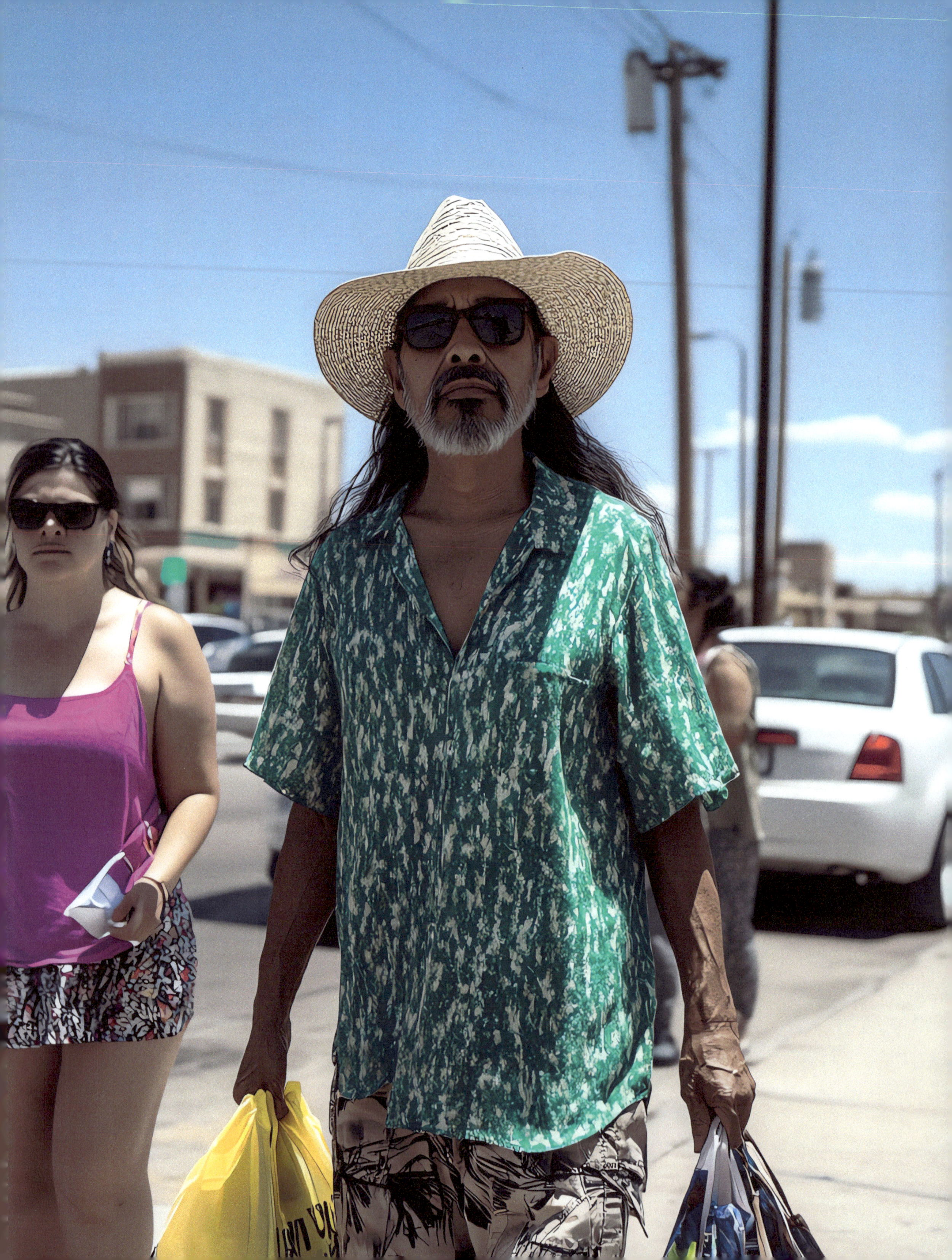

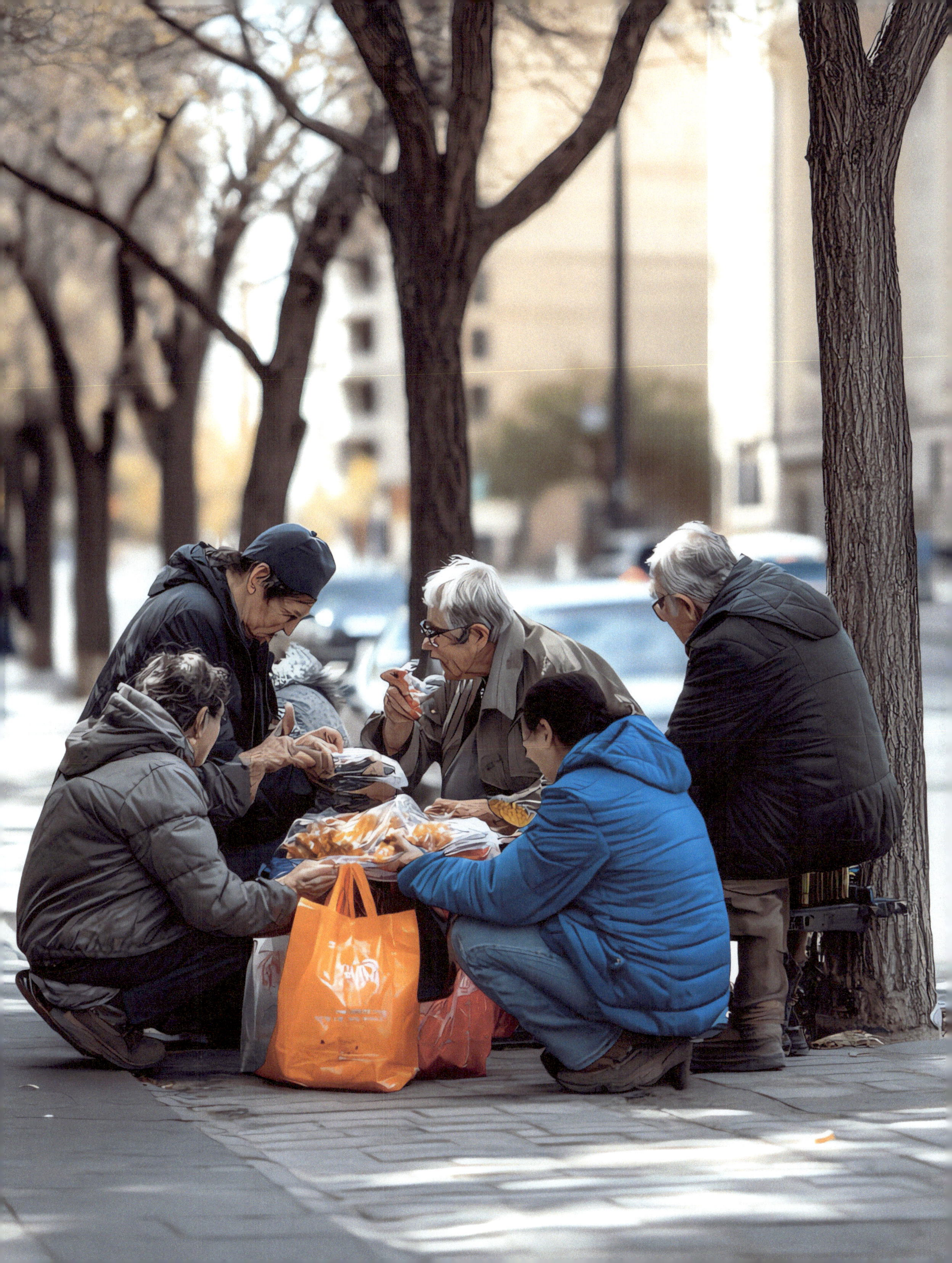

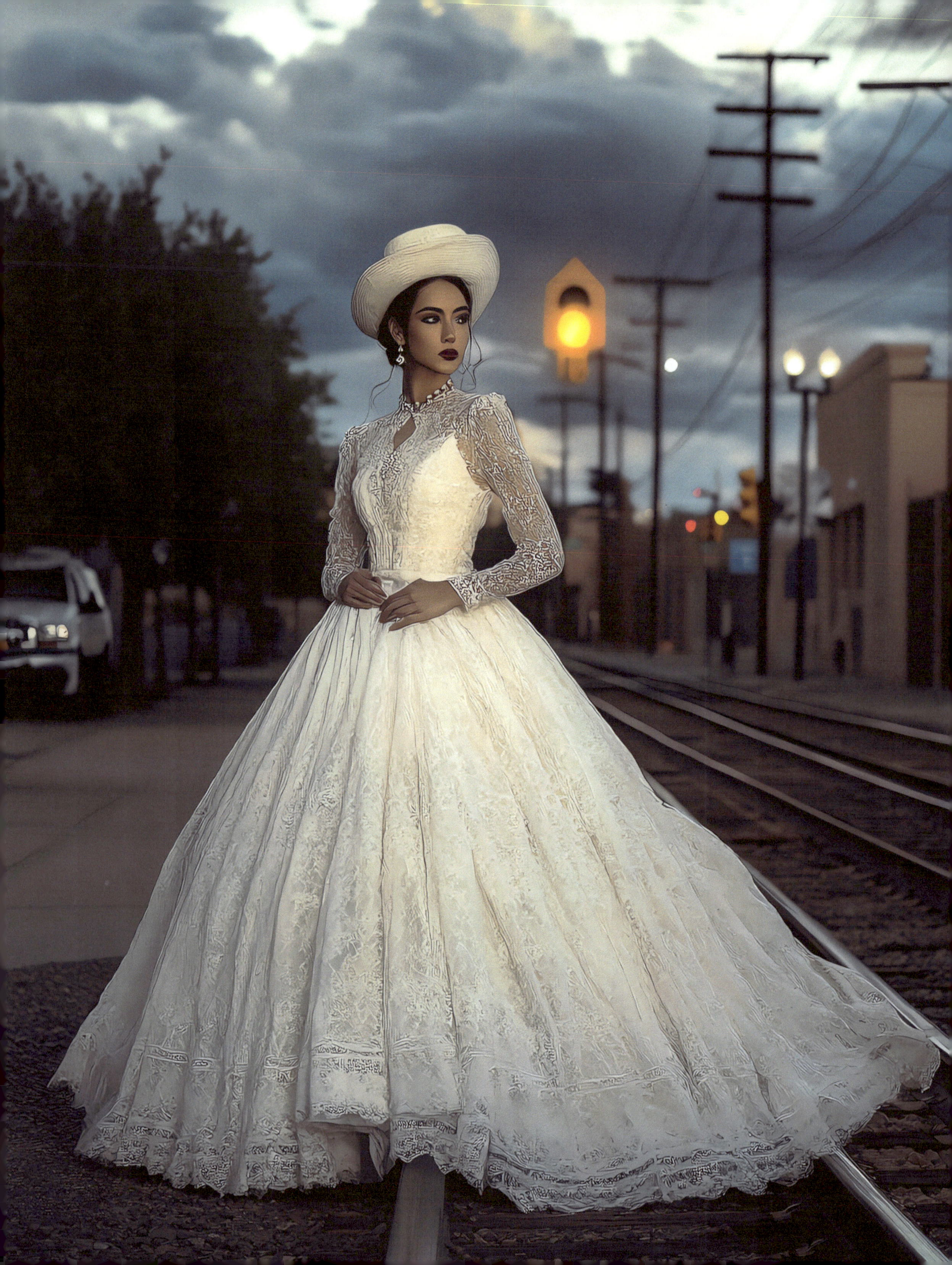

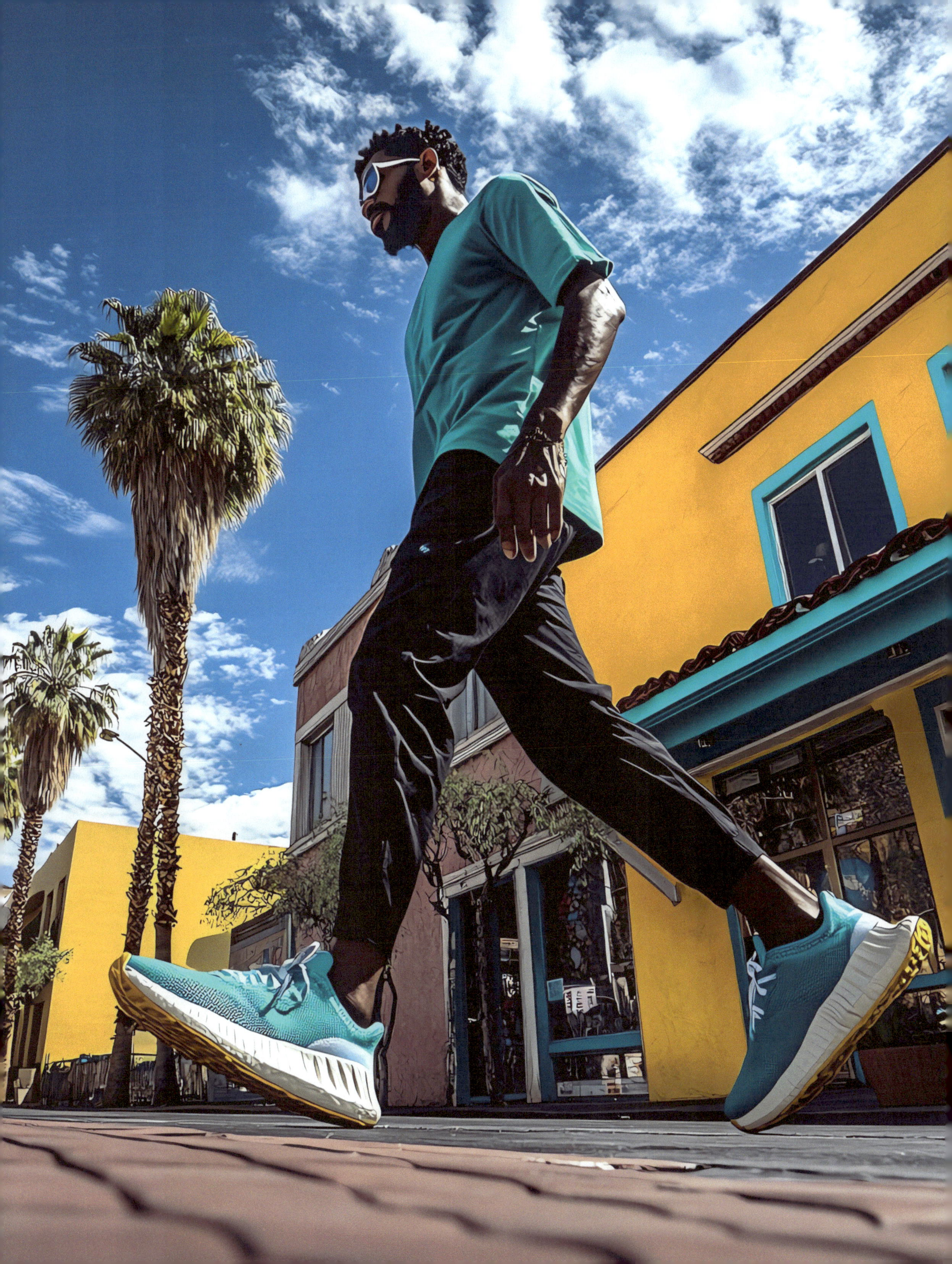

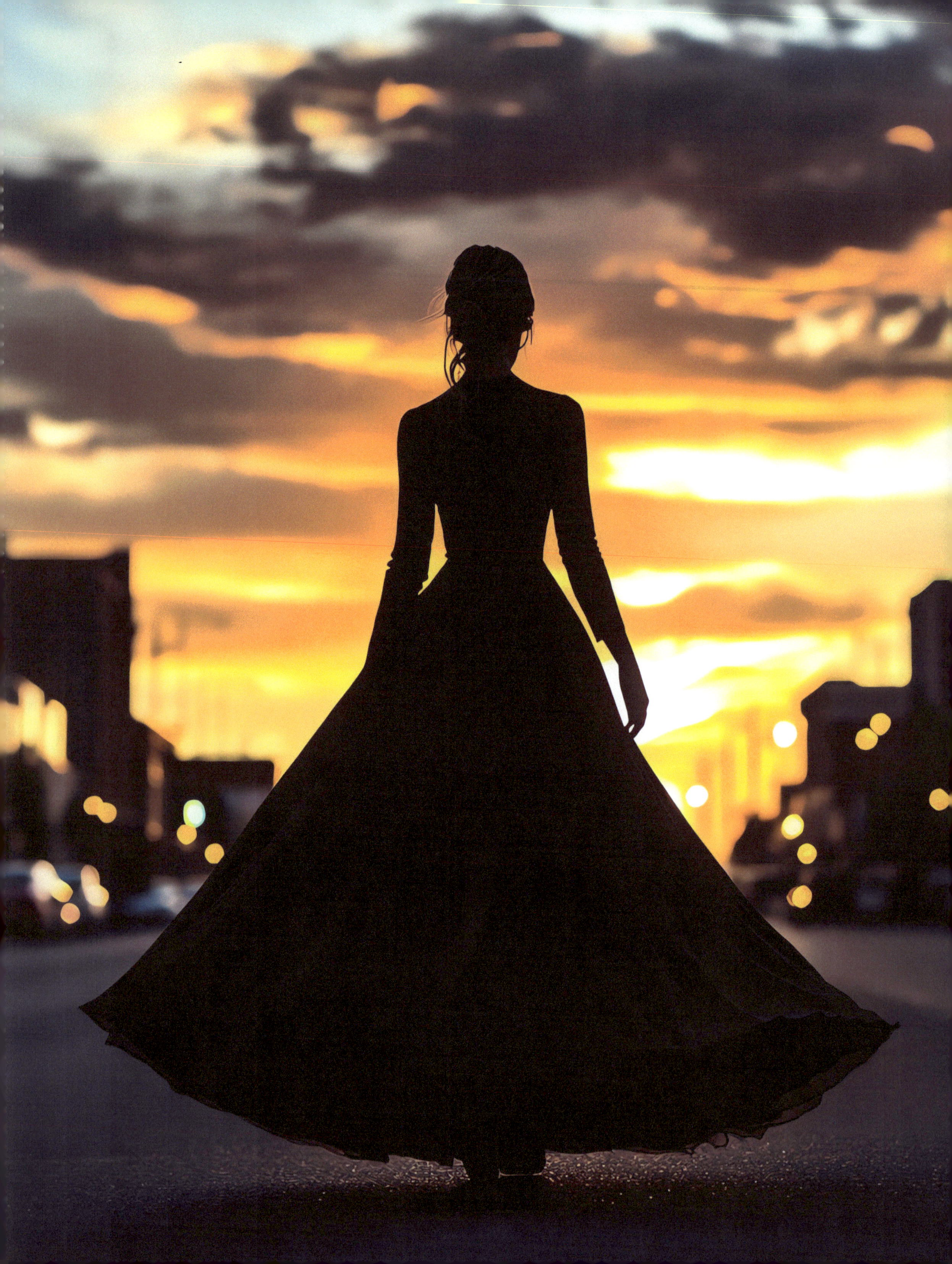

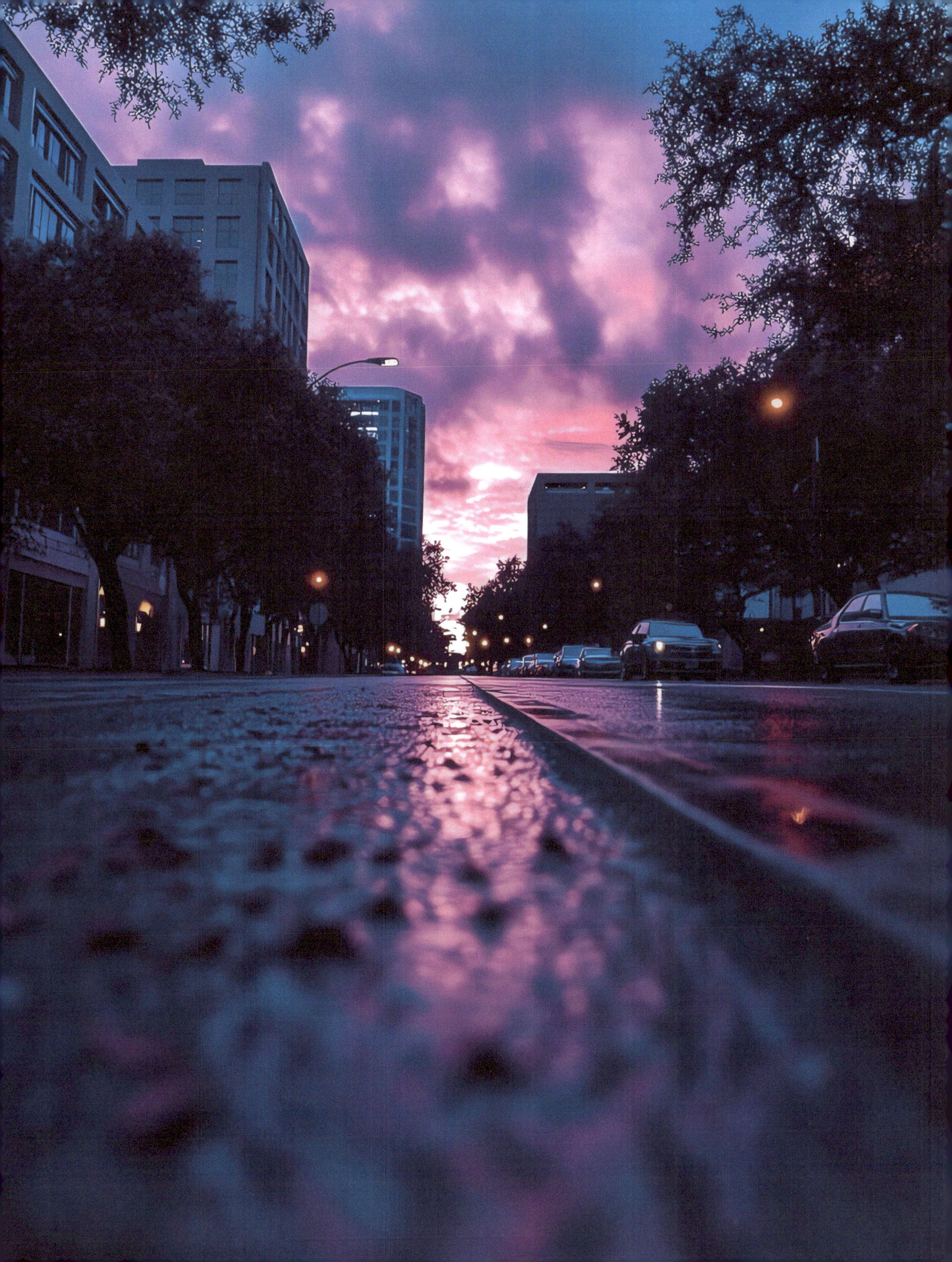

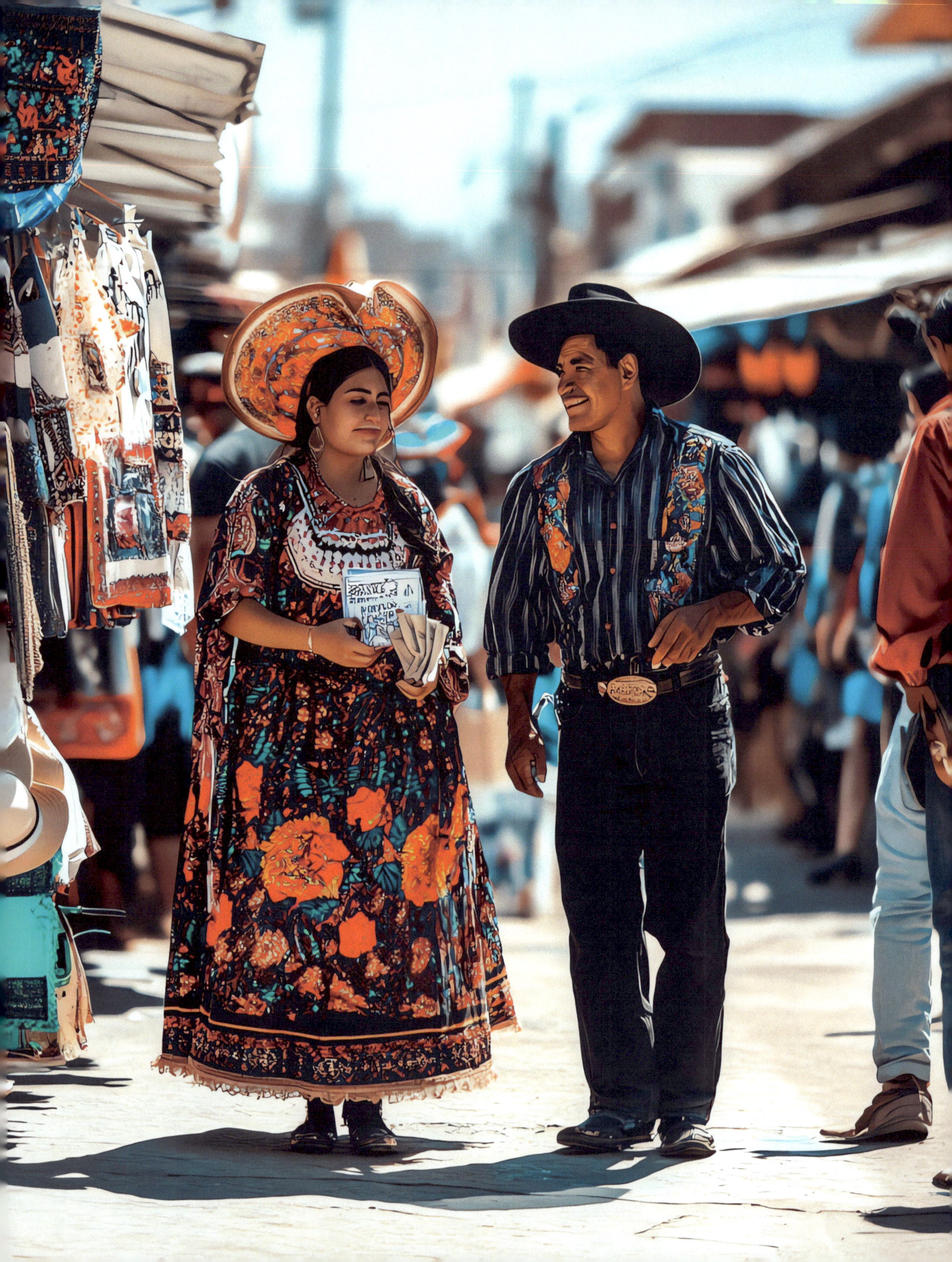

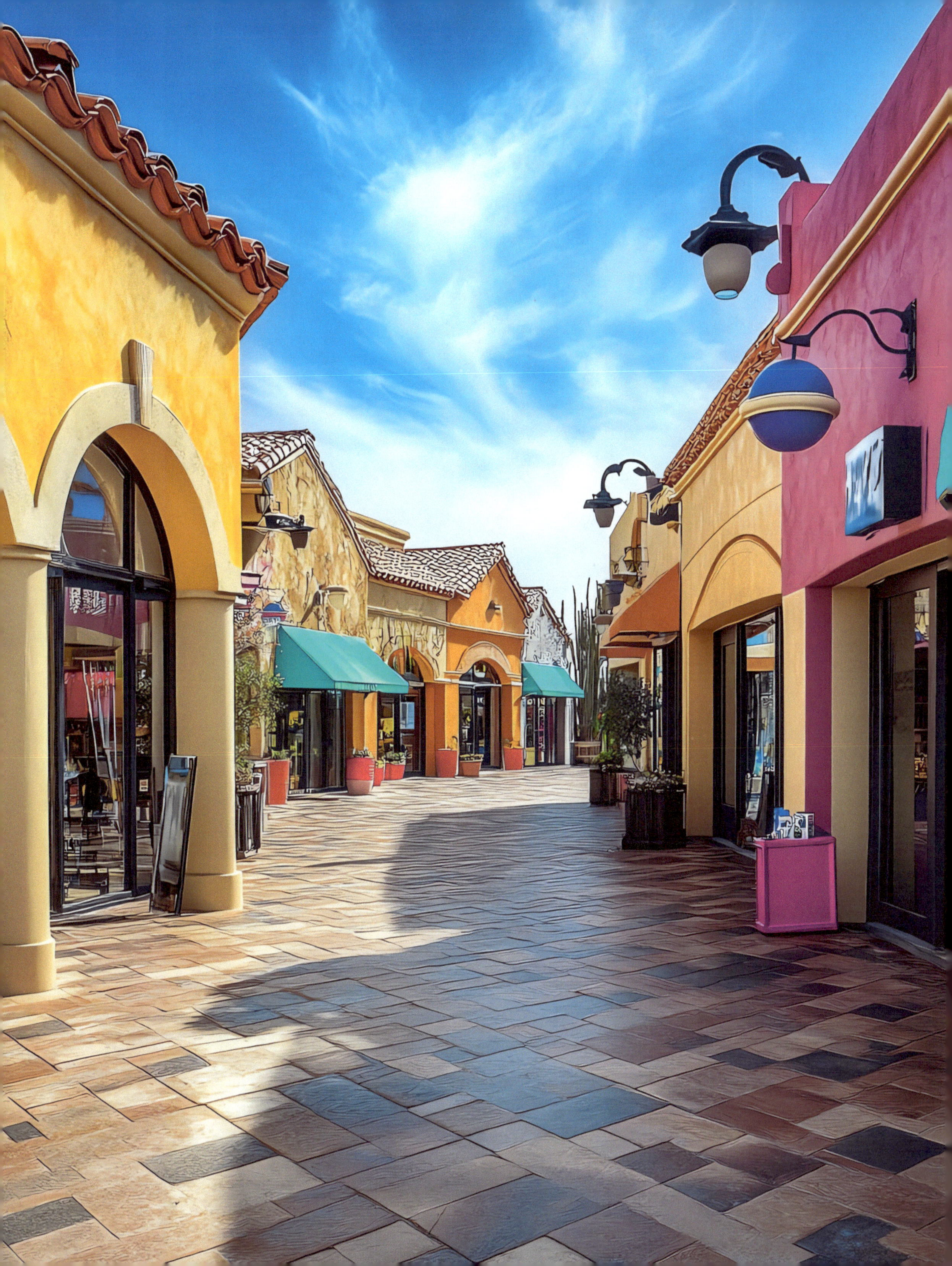

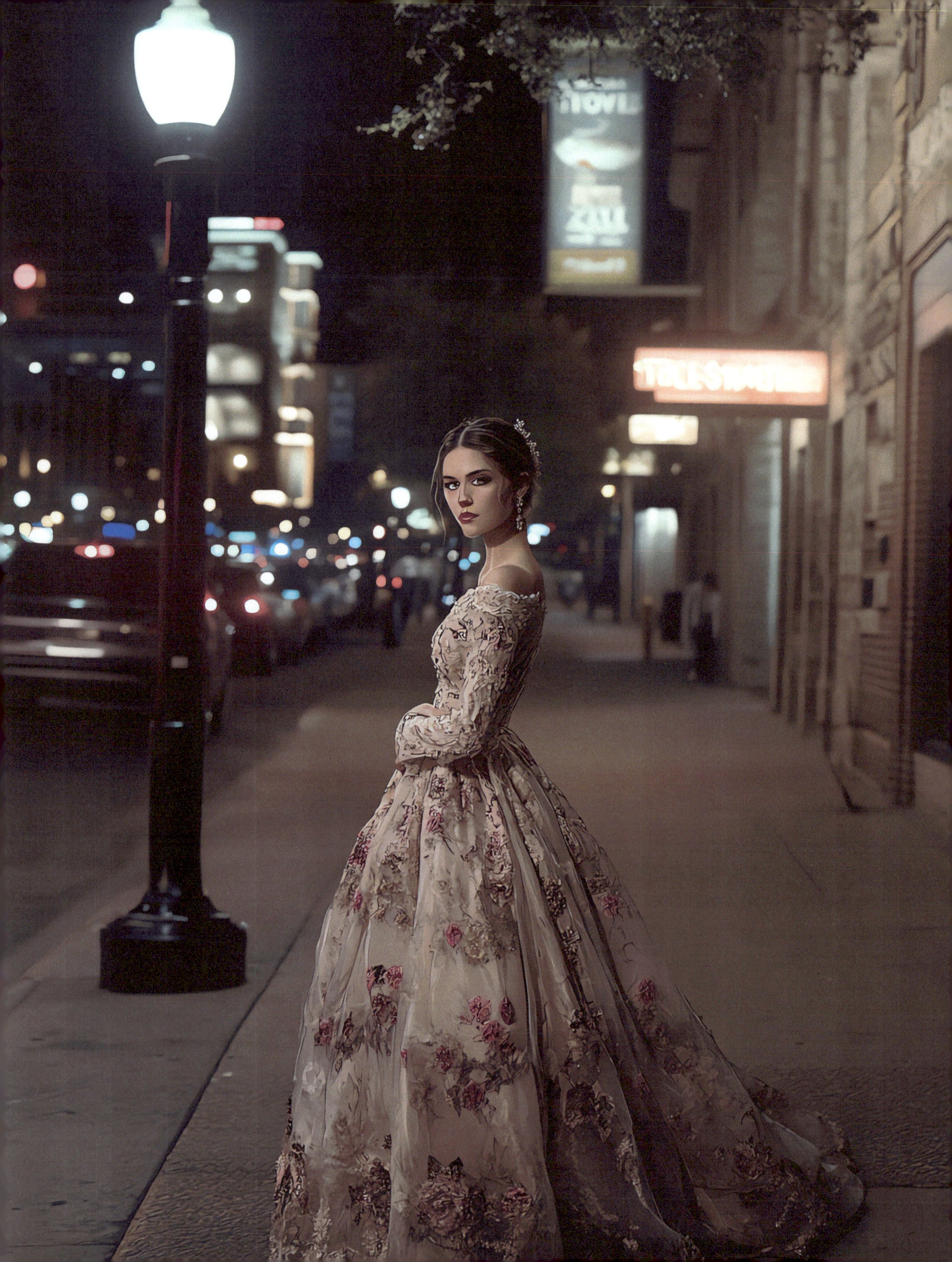

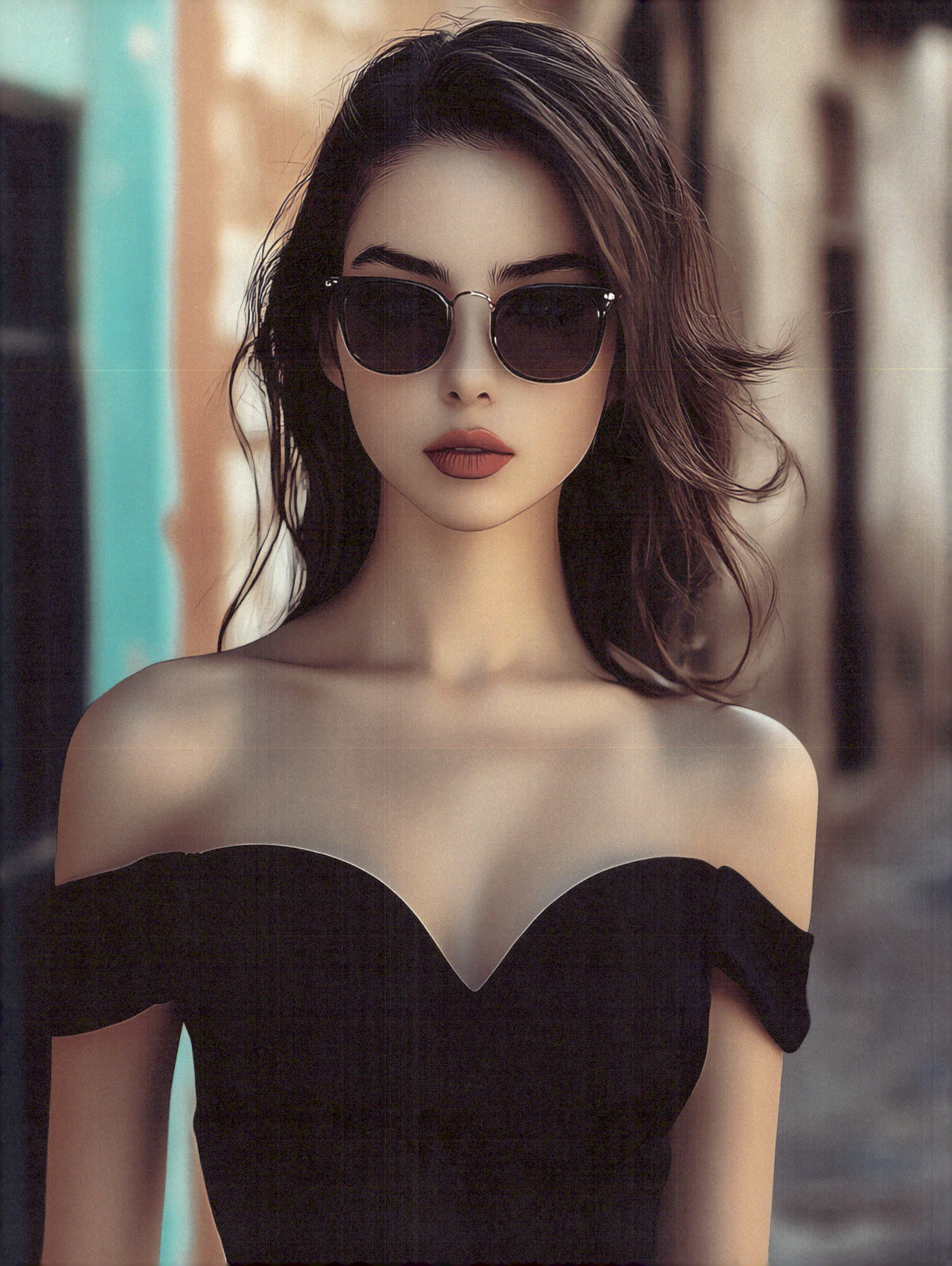

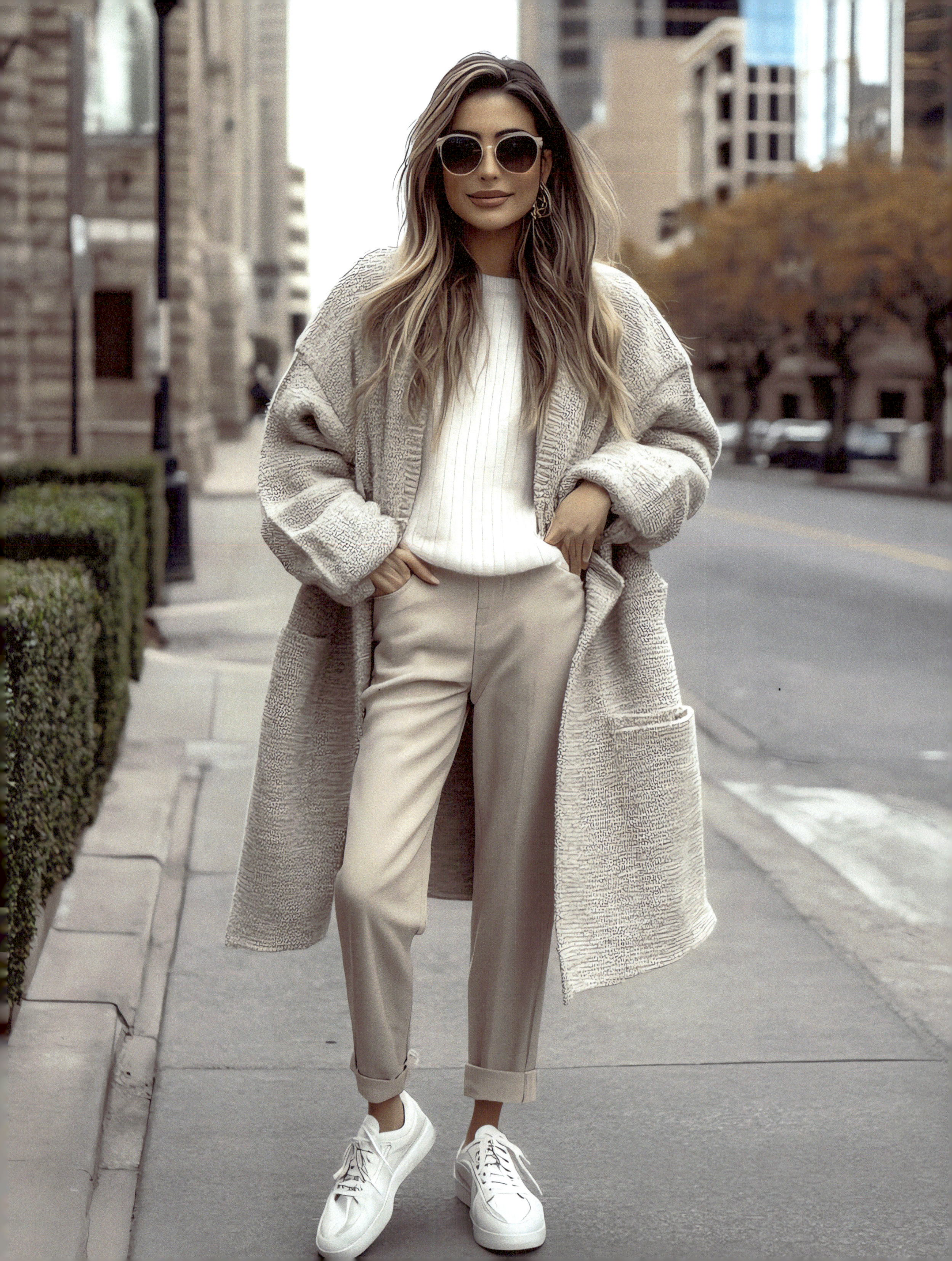

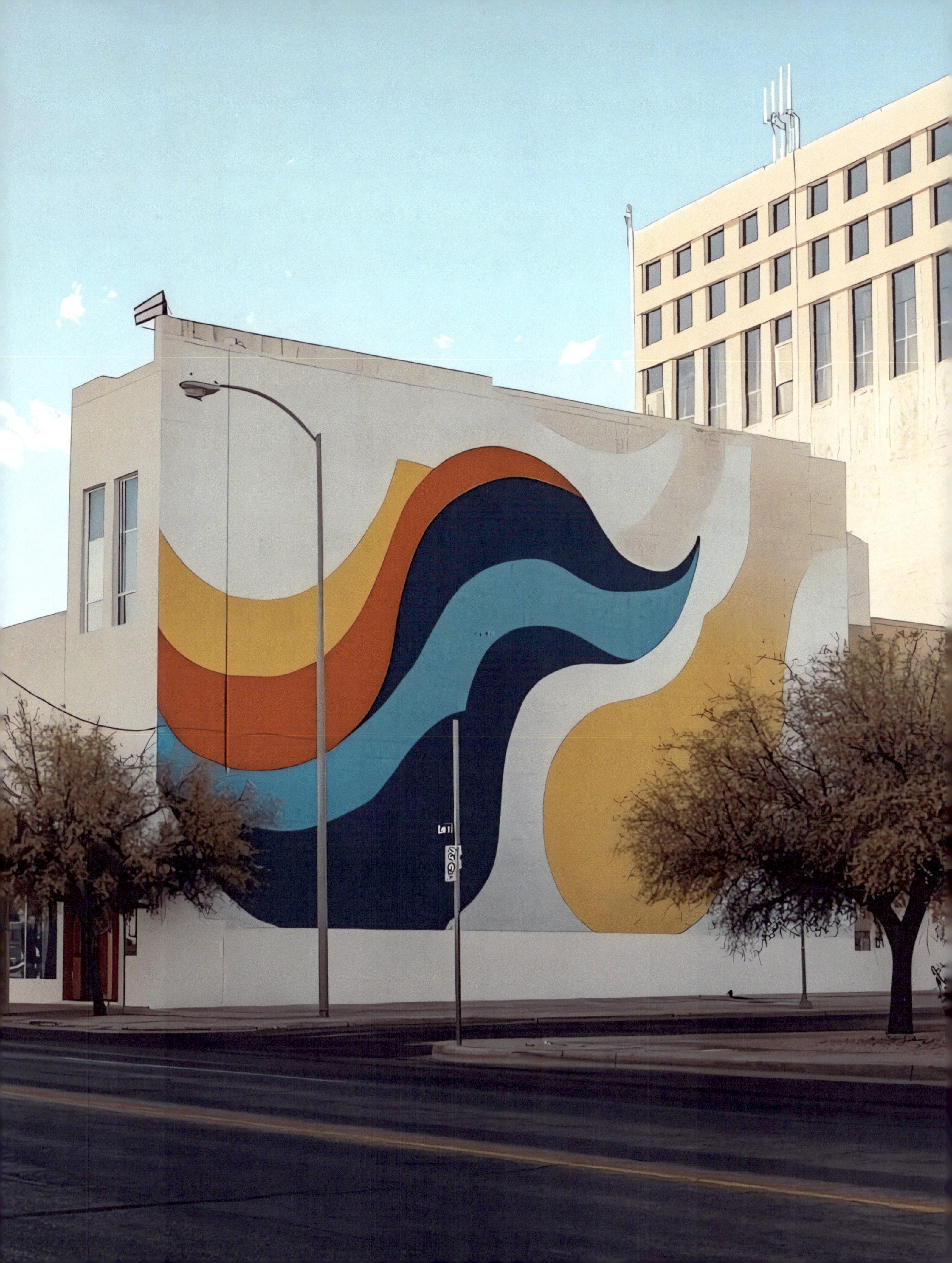

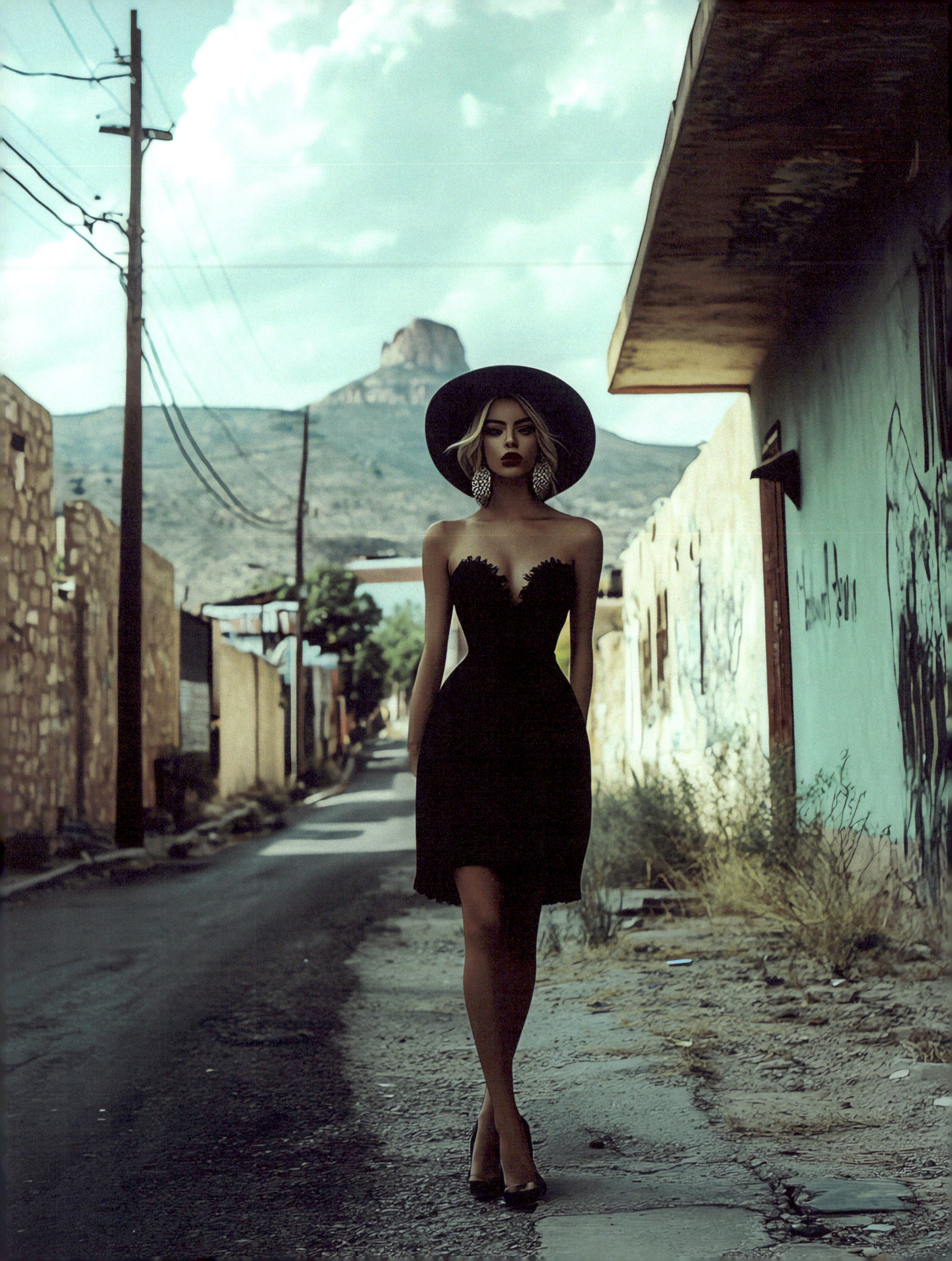

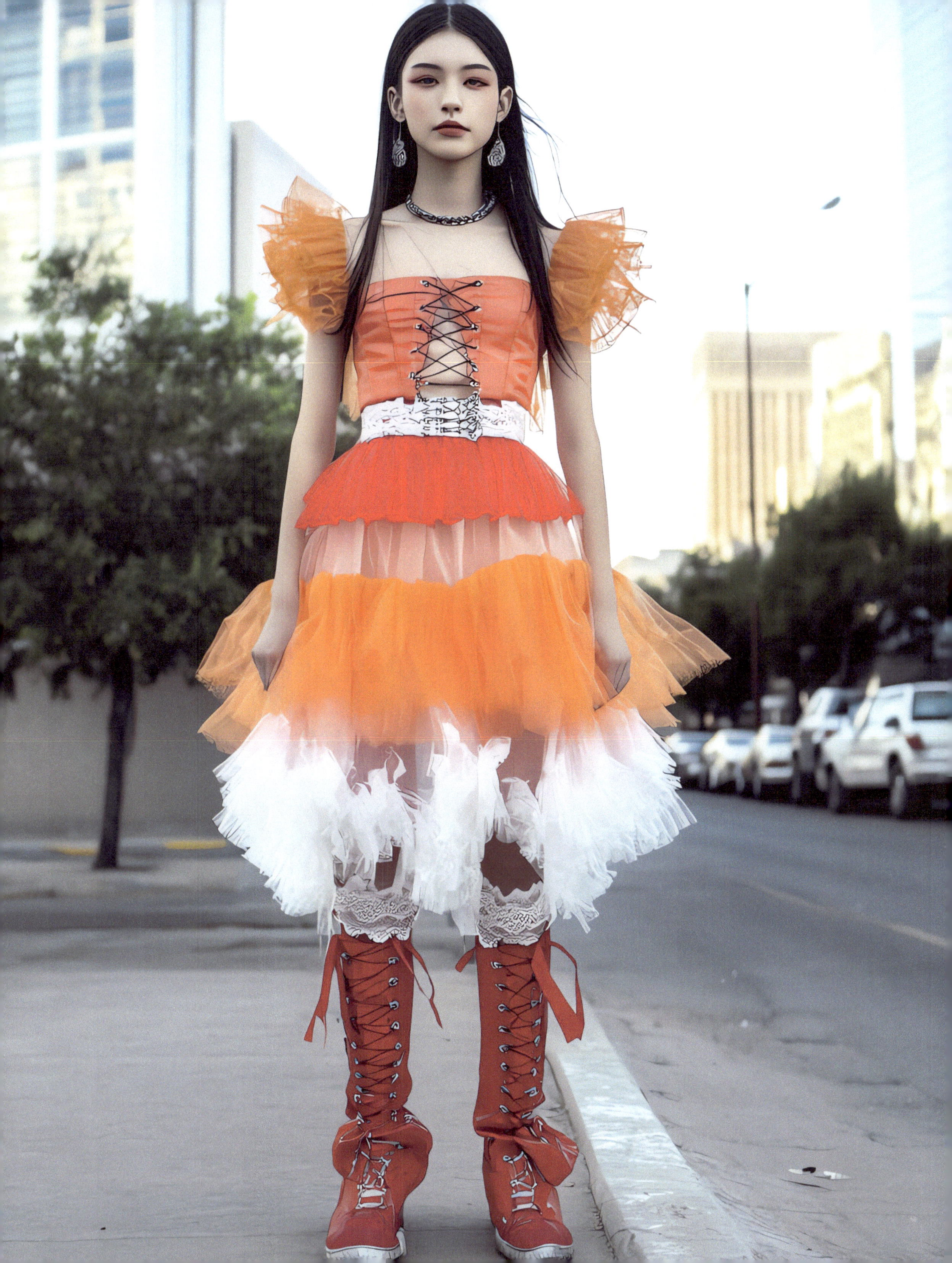

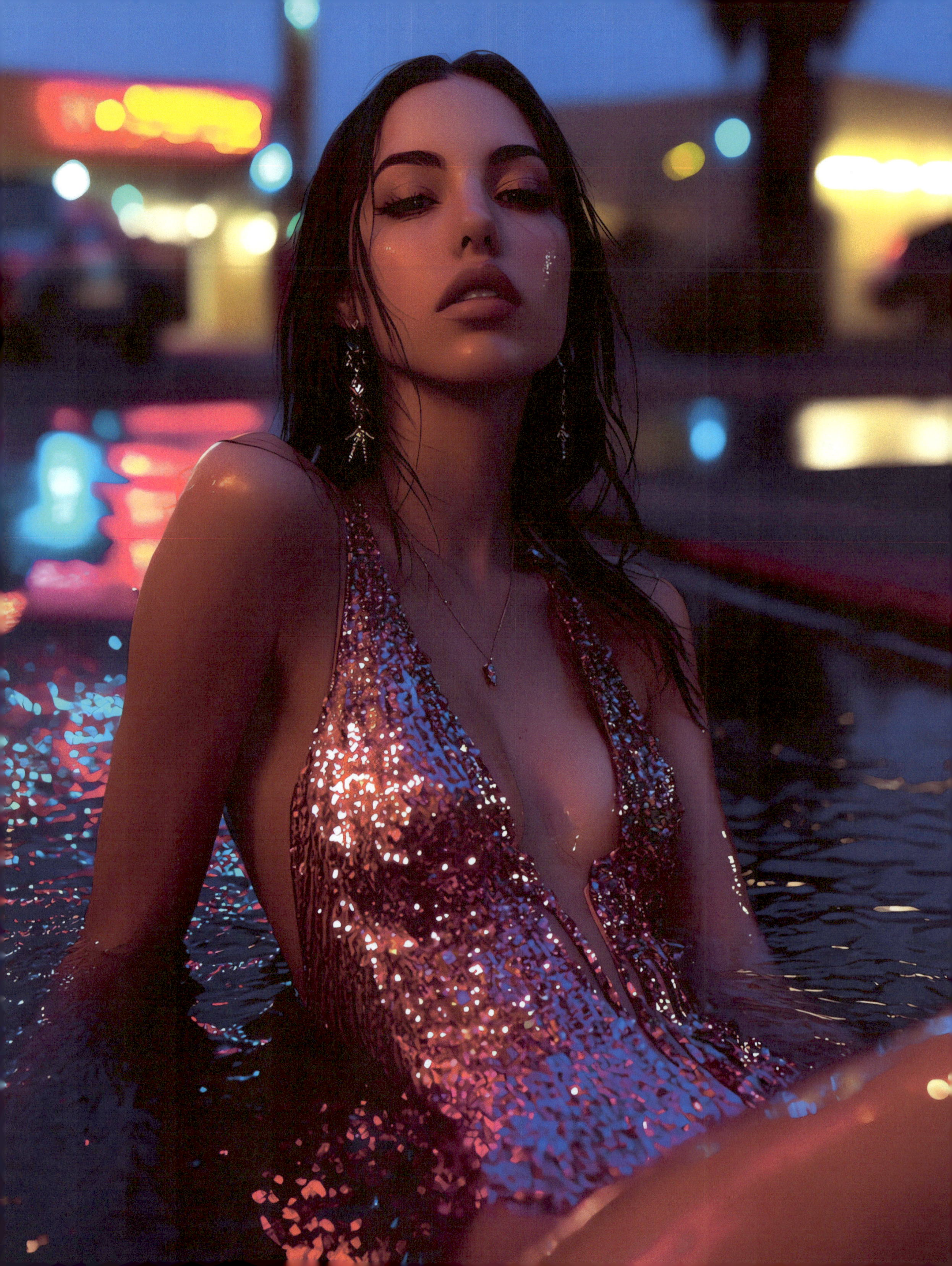

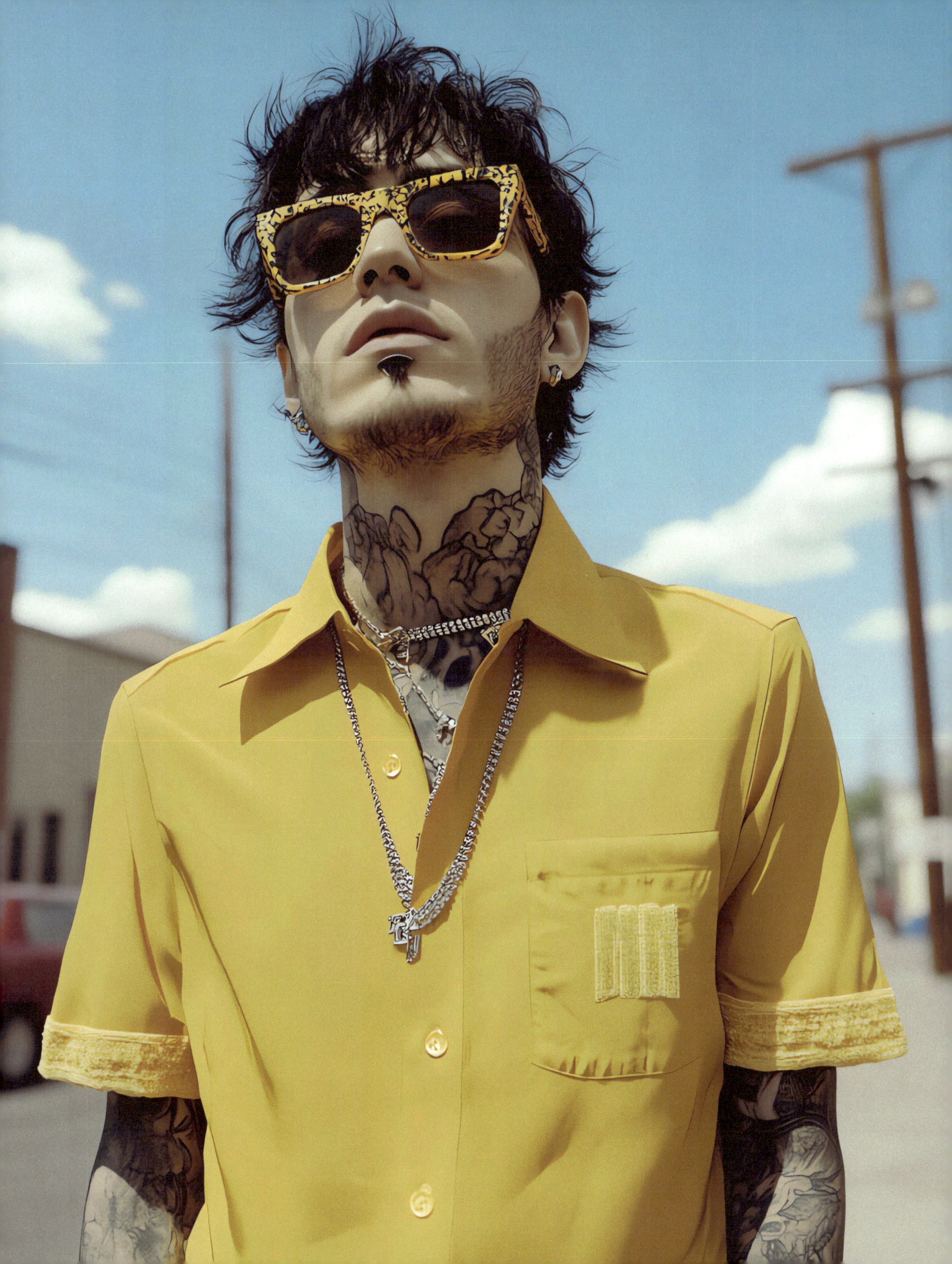

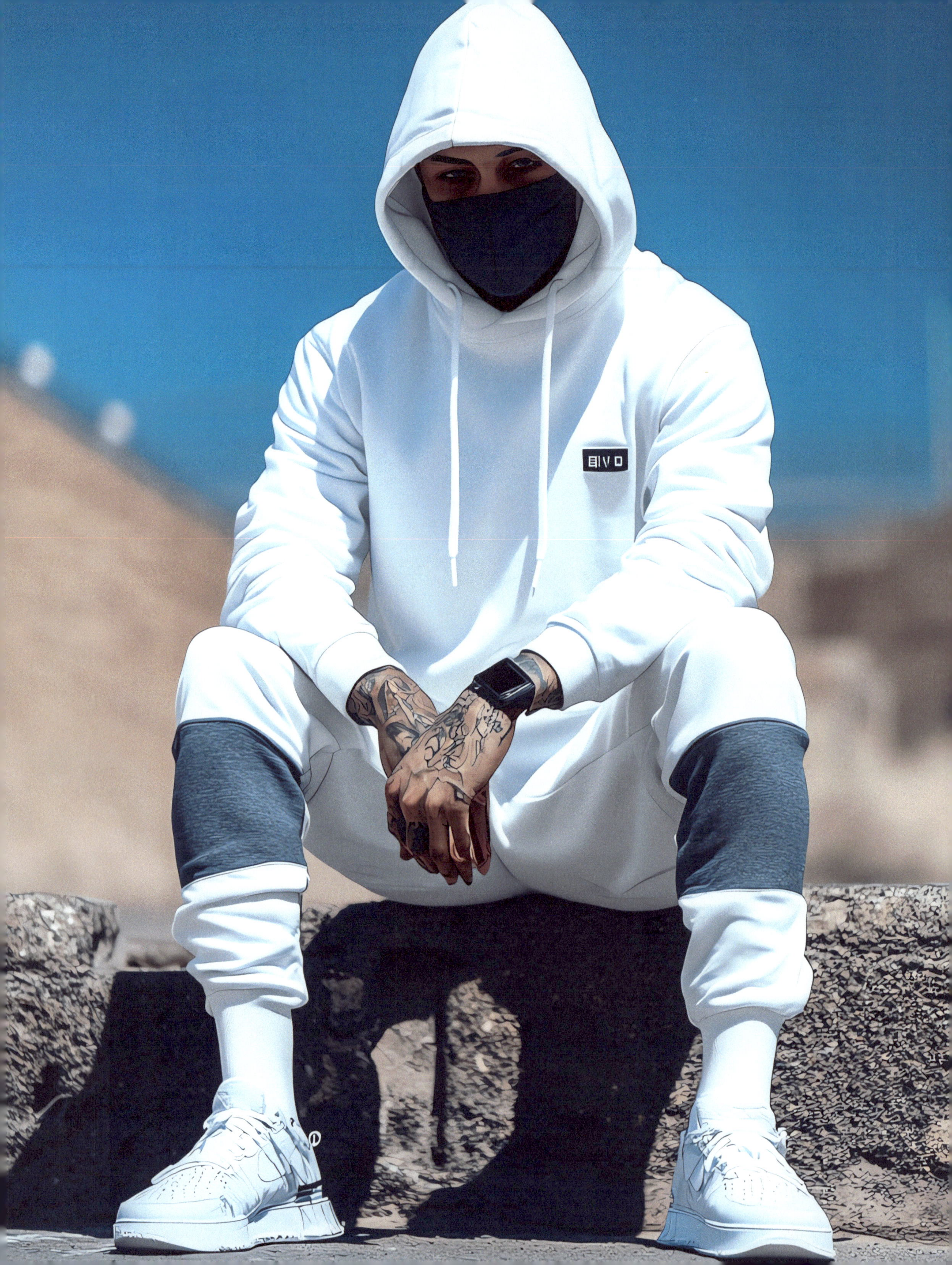

BLVD

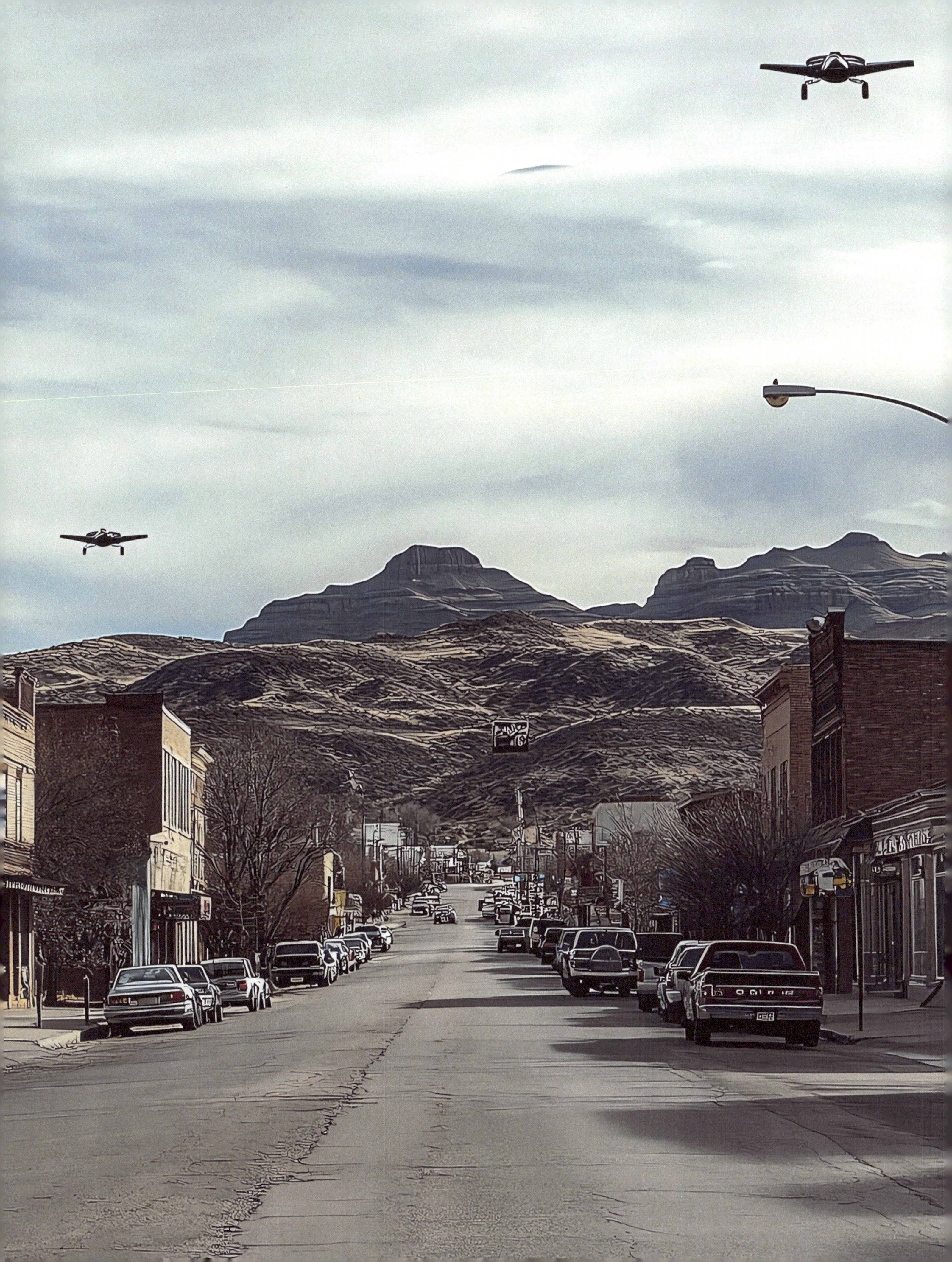

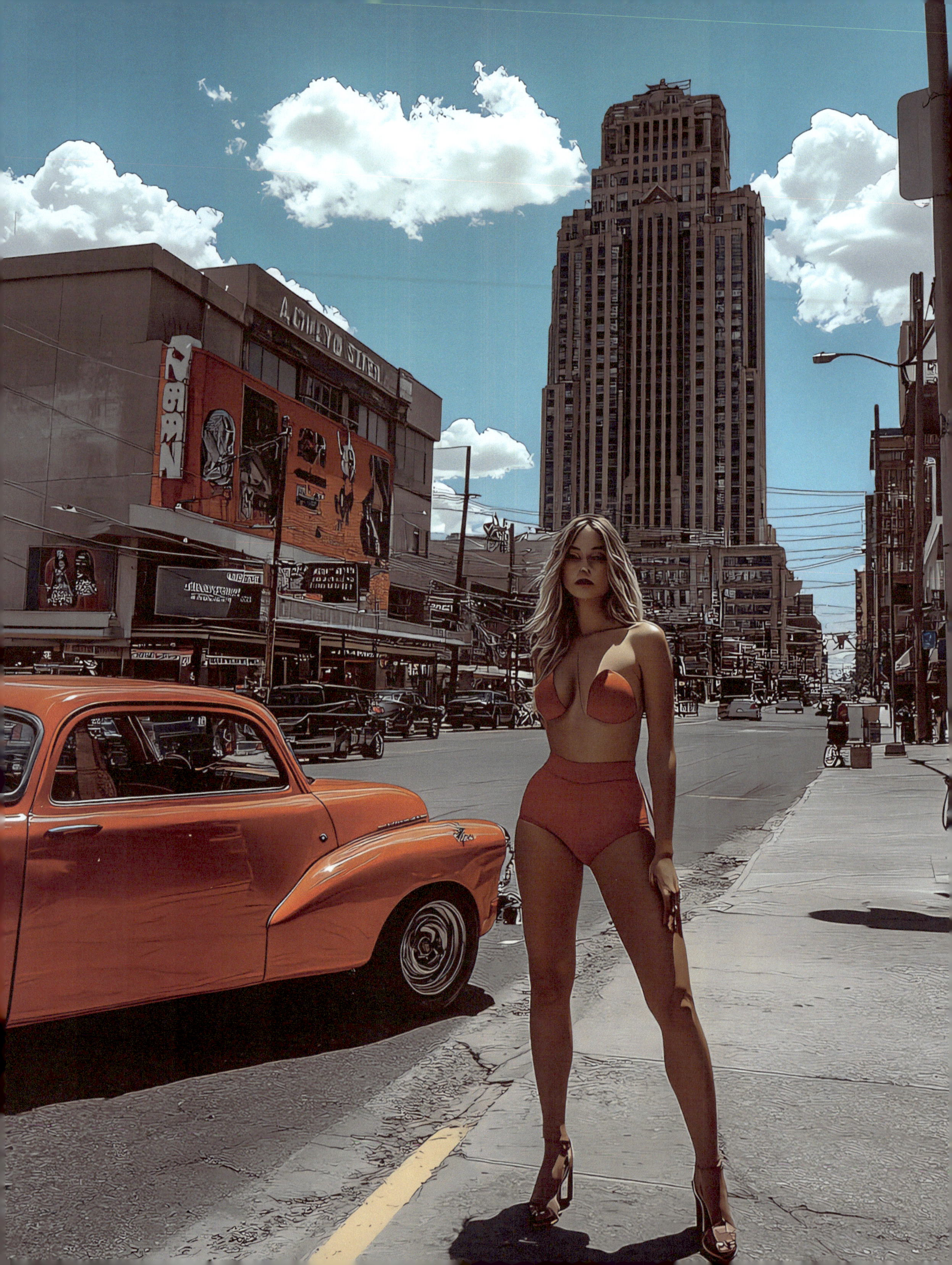